江淮大地的小康之路

邢 军 ◎主编

全国百佳图书出版单位

时代出版传媒股份有限公司

安徽人民出版社

图书在版编目(CIP)数据

江淮大地的小康之路/邢军主编. —合肥:安徽人民出版社,2022.8

ISBN 978 – 7 – 212 – 11274 – 5

I. ①江… Ⅱ. ①邢… Ⅲ. ①小康建设—安徽—摄影集 Ⅳ. ①F127.54-64

中国版本图书馆 CIP 数据核字(2022)第 135160 号

江淮大地的小康之路

邢　军　主编

出 版 人:杨迎会　　　　　　　　　　　责任印制:董　亮

责任编辑:朱　虹　左孝翰　　　　　　装帧设计:陈　爽

出版发行:安徽人民出版社 http://www.ahpeople.com

地　　址:合肥市政务文化新区翡翠路 1118 号出版传媒广场八楼

邮　　编:230071

电　　话:0551 – 63533258　0551 – 63533292(传真)

印　　制:安徽联众印刷有限公司

开本:710mm×1010mm　　1/16　　印张:13　　字数:180 千

版次:2022 年 8 月第 1 版　　　　2022 年 8 月第 1 次印刷

ISBN 978 – 7 – 212 – 11274 – 5　　　　定价:48.00 元

目　　录

第三章　安徽全面建设小康社会之路（2002—2012）

序

习近平总书记在庆祝中国共产党成立100周年大会上庄严宣告："经过全党全国各族人民持续奋斗，我们实现了第一个百年奋斗目标，在中华大地上全面建成了小康社会，历史性地解决了绝对贫困问题，正在意气风发向着全面建成社会主义现代化强国的第二个百年奋斗目标迈进。"全面建成小康社会，是中华民族发展史上前所未有的伟大壮举，中华民族千百年来"民亦劳止，汔可小康"的愿景变为现实。

小康承载初心、小康属于人民。从石库门到天安门，从兴业路到复兴路，两个"门"、两条"路"都标注着百年党史的重要转折和新的历史征程，我们党所付出的一切努力、进行的一切斗争、作出的一切牺牲，都是为了人民幸福和民族复兴。一百年来，在革命、建设、改革的历史洪流中，中国共产党人带领中国人民经历了探索小康社会之路、建设小康社会之路、全面建设小康社会之路和全面建成小康社会道路的光辉历程，取得了历史性成就，铸就了伟大建党精神。

星光不问赶路人，历史属于奋斗者。中国共产党立志于中华民族千秋伟业，百年恰是风华正茂。中国共产党成立一百年来特别是党的十八大以来，党中央把脱贫攻坚摆在治国理政的突出位置，把脱贫攻坚作为全面建成小康社会的底线任务。在中国共产党的坚强领导下，安徽人民艰苦奋斗、顽强拼搏、锐意改革、勇于创新，以"敢为天下先"的担当精神，创造了消除绝对贫困的人间奇迹，书写了全面建成小康社会的安徽华章，用鲜血、汗水、泪水、勇气、智慧、力量绘就了波澜壮阔的历史画卷。

建党伟业，开天辟地。建党伊始，中国共产党就高度关注农民贫困问题，并以消除农村绝对贫困、让广大人民过上好日子为己任。新民主主义革命时期，党团结带领广大农民"打土豪、分田地"，实行"耕者有其田"，帮助穷苦人翻身得解放，赢得了最广大人民广泛支持和拥护。1923 年 12 月，中共安庆支部、中共寿县小甸集特别支部成立，安徽成为传播马克思主义、中共组织创建和活动较早的地区。1926 年 7 月，北伐战争开始，安徽党组织积极策应，迅速掀起工农运动高潮。1927 年，中央召开八七会议以后，安徽党组织把工作中心由城市转向农村，组织发动 60 多次农民起义，组建工农红军，安徽成为中国革命的重要策源地、人民军队的重要发源地。1931 年 5 月，中共鄂豫皖中央分局成立，建立鄂豫皖革命根据地，安徽开辟了皖西革命根据地和皖西北苏区，领导人民开展了轰轰烈烈的土地革命和各项社会建设，成为苏维埃政权建设的模范区域。1934 年 8 月，成立皖南红军游击队，建立皖南苏维埃政府，开辟了方圆百余里的红色区域，进行了艰苦卓绝的游击战争。1938 年 4 月，新四军军部进驻歙县岩寺，建立抗日根据地。1941 年，皖南事变后，新四军新军部、中共中央东南局、华中局相继驻扎安徽，安徽成为华中敌后抗日的重要战场和新四军的指挥中心，创建了淮南、淮北、皖江等 3 个抗日民主根据地。1947 年 6 月至 8 月，刘邓大军千里跃进大别山，开启了解放战争的大转折。1948 年 11 月，淮海战役总前委在安徽成立，小推车推出淮海战役的伟大胜利。1949 年 4 月 20 日，渡江战役全面打响，安徽成为渡江战役的指挥中心和渡江战役主战场，安徽人民全力支援渡江战役，保证渡江战役全面胜利。1949 年 9 月，金家寨县城解放，至此安徽全境解放。

建国大业，改天换地。新中国的成立，标志着人民当家作主新型国家政权的建立，中国人民从此站立起来，开辟了探索小康社会的新纪元。1950 年 7—9 月，毛泽东先后对治淮作出 4 次批示，发出"一定要把淮河修好"

的伟大号召，掀起新中国成立后治淮高潮。10月14日，政务院发布《关于治理淮河的决定》。1951年3月，皖北、皖南兴办农业互助组。1952年1月2日，中共安徽省委成立。1月9日，佛子岭水库开工建设。1953年9月6日，省委扩大会议提出粮食作物三项改革任务。1954年2月，安徽省与上海市有关部门及私营工商界达成工厂内迁及公私合营协议，一批工业企业内迁安徽。9月5日，省委发出《关于发展农业生产合作社的指示》。1955年3月，省委发出《关于加强血吸虫病防治工作的指示》。1956年10月12日，国务院批准设立马鞍山市、铜官山市。1958年8月19日，淠史杭沟通综合利用工程开工兴建。1965年4月30日，省委决定成立三线建设指挥部，当年全省开展"小三线"建设项目16个。1966年11月，新汴河工程动工。1968年3月，巢湖汽车配件厂自行设计、制造出江淮牌载重汽车，结束了安徽不能制造汽车的历史。1971年11月19日，茨淮新河工程动工兴建。1977年6月，全省各级党组织开始开展复查和纠正冤假错案的工作，11月15—22日，省委召开农村工作会议制定《关于当前农村经济政策几个问题的规定（试行草案）》，又称为"六条规定"。

改革惊雷，翻天覆地。改革开放是中国的第二次革命，是中华民族伟大复兴历程中新的里程碑，是当代中国最鲜明的特色。以1978年召开的中共十一届三中全会为标志，安徽改革开放和现代化建设进入新时期，小康社会建设进入实质性阶段，党团结带领人民实施了大规模、有计划、有组织的扶贫开发，着力解放和发展社会生产力，着力保障和改善民生，取得了前所未有的伟大成就。1977年11月，省委制定并下发《关于当前农村经济政策几个问题的规定（试行草案）》。1978年9月，省委作出借地度荒决定，肥西县山南公社推行包产到户。1978年11月24日，凤阳县梨园公社小岗生产队18户农民通过按红手印形式创立包干到户，开创了家庭联产承包责任制的先河，成为中国农村改革发源地。1979年7月10—16日，邓小平游览黄山，提出安徽要"把黄山的牌子打出去"，发展好旅游事业和山区经济，开创了现代旅游业新篇章。1979年12月6日，邓小平在会见日本首相大平正芳时指出："我们的四个现代化的概念，不是像你们那样的现代化概念，而是'小康之家'。"从此"小康社会"成为中国现代化进程中的重要发展阶段目标，开启了中国小康社会建设新征程。1981年6月，党的十一届六中全会提出到20世纪末人民物质生活达到小康水平。1982年9月，党的十二大明确提出小康社会建设的战略构想。1987年10月，党的十三大提出我国经济发展"三步走"战略，进一步明确到20世纪末人民生活达到小康水平。1988年2月，省委提出"远学粤闽，近学江浙"，加快安徽改革开放步伐和经济发展速度。1990年，省委提出"抓住机遇、开发皖江、强化自身、呼应浦东、迎接辐射、带动全省"的对外开放战略。1992年，安徽省委、省政府决定实施"1235工程"。1995年，安徽省委常委会（扩大）会议作出"外向带动，整体推进，重点突破，形成支柱"的总体战略部署。2000年3月，安徽省在全国率先开展以"三个取消、一个逐步取消、两个调整、一项改革"为主要内容的农村税费改革试点。2000年10月，党的十五届五中全会提出新世纪开始全面建设小康社会。2002年11月，党的十六大提出中国要在21世纪前20年全面建设惠及十几亿人口的更高水平的小康社会。2003年6月，安徽省委、省政府组织实施《安徽省全面建设小康社会的战略目标、战略步骤及起步阶段的重点建设任务》。2005年，安徽省全部免除农业税。2006年，安徽自主开展文化体制改革试点。2007年10月，党的十七大提出到2020年全面建设小康社会目标。2010年，合肥开始国家科技创新型试点市建设。2010年，国务院批复的《皖江城市带承接产业转移示范区规划》，成为全国首个以承接产业转移为主的区域发展规划。

民族复兴，惊天动地。党的十八大以来，中国特色社会主义进入新时代，进入决胜全面建成小康社会、逐步实现共同富裕的时代。2012年11月，党的十八大提出到2020年全面建成小康社会目标。同月，国务院批复，安徽省的宿州、亳州、淮北、阜阳、蚌埠5个市及淮南市凤台县、潘集区被纳入《中原经济区规划（2012—2020 年）》范围，皖北发展正式进入国家战略规划。2013 年 2 月，潜山、太湖、宿松等 12 个县被纳入《大别山片区区域发展与扶贫攻坚规划（2011—2020 年）》范围，成为国家新一轮扶贫攻坚的主战场之一。2013 年 5 月 30 日，合肥新桥国际机场建成通航。10 月 28 日，省政府印发《关于深化农村综合改革示范试点工作的指导意见》，决定在涡阳县等 20 个县（区）开展农村综合改革示范试点。11 月 25 日 《安徽省创新型省份建设方案》获科技部原则同意，安徽省成为全国第二个创新型省份建设试点省。2014 年 2 月 12 日，《皖南国际文化旅游示范区建设发展规划纲要》获国家发改委正式批复。3 月 9 日，中共中央总书记、国家主席、中央军委主席习近平参加十二届全国人大二次会议安徽代表团审议，提出 "严以修身、严以用权、严以律己，谋事要实、创业要实、做人要实" 的 "三严三实" 要求。3 月 21 日，省委印发《关于认真学习贯彻习近平总书记 "三严三实" 要求　进一步加强作风建设的意见》。2015 年 1 月，安徽省被列为全国首批综合医改试点省份。11 月 18 日，省政府印发《中国制造 2025 安徽篇》，提出到 2025 年迈入制造业强省行列。12 月 2 日，省政府办公厅印发《安徽省贯彻落实大别山革命老区振兴发展规划实施方案》。12 月 8 日，省委、省政府作出《关于坚决打赢脱贫攻坚战的决定》。2016 年 3 月 1 日，省委、省政府印发《安徽省生态文明体制改革实施方案》，提出到 2020 年，构建产权清晰、多元参与、激励约束并重、系统完整的安徽特色生态文明制度体系，推进创新型生态强省建设。4 月 24—27 日，中共中央总书记、国家主席、中央军委主席习近平视察安徽，就贯彻党的十八届五中全会精神、落实 "十三五" 规划纲要进行调研考察。7 月 26 日，省委、省政府印发《关于扎实推进绿色发展着力打造生态文明建设安徽样板实施方案》，提出着力打造生态文明建设的安徽样板，建设绿色江淮美好家园。8 月，安徽省在 11 个县（区）选择 13 个村启动首批 "三变" 改革试点。12 月 29 日，引江济淮工程开工建设。2017 年 1 月 10 日，国家发改委和科技部正式批准安徽建设合肥综合性国家科学中心。3月6日，省委办公厅、省政府办公厅印发《安徽省全面推行河长制工作方案》。4月20日，省委、省政府印发《关于打造内陆开放新高地的意见》。5月5日，省委、省政府印发《"健康安徽"2030规划纲要》。5月26日，省政府印发《安徽省新型城镇化发展规划（2016—2025年）》。6月30日，省政府发布《加快推进特色小镇建设的意见》。9月18日，省委、省政府印发《关于建立林长制的意见》，决定在全省建立林长制。2017年11月30日至12月1日，省委十届六次全会审议通过了《中共安徽省委关于深入贯彻落实党的十九大精神全面开创现代化五大发展美好安徽建设新局面的决定》《安徽省五大发展行动计划（修订版）》等。2018年6月27日，省委、省政府印发《关于全面打造水清岸绿产业优美丽长江（安徽）经济带的实施意见》。6月29日，省委办公厅、省政府办公厅印发《关于全面推广新安江流域生态补偿机制试点经验的意见》。2019年9月20—23日，"2019世界制造业大会"在合肥举办。2020年2月9日，省政府办公厅印发《关于印发应对新型冠状病毒肺炎疫情若干政策措施的通知》，3月9日，省委办公厅、省政府办公厅印发《关于决战决胜脱贫攻坚"抗疫情、补短板、促攻坚"的实施意见》。8月18—21日，中共中央总书记、国家主席、中央军委主席习近平再次视察安徽，在合肥主持召开扎实推进长三角一体化发展座谈会并发表重要讲话。8月30日，国务院印发《中国（安徽）自由贸易试验区总体方案》。2021年2月25日，全国脱贫攻坚总结表彰大会隆重举行，安徽省70名个人、52个集体受到表彰，金寨县花石乡大湾村获得"全国脱贫攻坚楷模"荣誉称号。3月2日，全省党史学习教育动员部署大会召开。同日，省委印发《关于开展党史学习教育的实施意见》。5月28日，安徽省脱贫攻坚总结表彰暨巩固拓展脱贫攻坚成果同乡村振兴有效衔接工作推进大会在合肥举行，安徽如期完成了31个县（市、区）脱帽、3000个贫困村出列、484万人口脱贫的新时代脱贫攻坚目标任务。

一百年风云激荡，一世纪风雨兼程。从1921年到2021年，百年大党，百年华章，中国共产党领导人民从救国、兴国、富国到强国，这是矢志践行初心使命、筚路蓝缕奠基立业、创造辉煌开辟未来的一百年，是苦难中铸就辉煌、探索中收获成功、转折中开创新局、奋斗后赢得未来的一百年，是坚定理想信念、敢于直面问题、从严管党治党、勇于自我革命的一百年。百转千回，百炼成钢，百年风华正茂；千山万水，千磨万击，千秋伟业在胸。奋进全面建设社会主义现代化国家新征程，朝着实现中华民族伟大复兴的伟大梦想，我们昂首阔步、一往无前。

第一章

安徽探索小康社会之路

（1921—1978）

一　安徽省最早党组织

　　1921 年 7 月，中国共产党宣告成立，这是近代中国革命史上开天辟地的大事变。刚刚诞生不久的中国共产党，将眼光瞄准了当时安徽的省会安庆。1923 年春，根据中央指派，一批党的骨干来到安庆开展党团工作。他们利用报刊宣传马克思主义及党的主张，并积极发展年轻团员，安庆团组织发展迅速，安庆团组织是全国 17 个最先成立的团组织之一。1923 年冬，党员骨干在濮家老屋召开了安庆市建立党组织的第一次会议。会议决定成立中国共产党安庆支部，直属中央领导，会议推选柯庆施为党支部书记。中共安庆支部是安徽省第一个城市党组织，对全省乃至全国的革命都产生了重要影响，为党培养了一批干部，如中共安徽省委第一任书记王步文，中国工农红军第一军军长许继慎等。

安徽第一个城市党支部——中共安庆支部旧址

　　五四运动后，安徽许多优秀青年学子走出皖境，到上海等地求学，接受新思想的洗礼。1922年，曹蕴真等青年学生在上海加入中国共产党。1923年冬，根据党组织的指示，曹蕴真、薛卓汉等人回到小甸集开展革命活动，从事建党工作。同年底，中国共产党寿县小甸集特别支部成立，直属中央领导，是安徽省第一个农村党组织。随着小甸集特支的诞生，小甸集周边各地党的力量也不断发展。到1928年年底，寿县已建立区委1个，特支1个，支部19个，党员200多人。随后，革命火种播撒在江淮大地，形成燎原之势，安徽各地的党组织如雨后春笋般建立起来。

安徽第一个农村党组织——中共寿县小甸集特别支部旧址

二　皖西北特区的救民政策

　　1930年4月，霍山县苏维埃政府成立。随后，六安、潜山、霍邱、英山等地也先后建立了革命政权，成立苏维埃政府，连片建立起皖西苏区。由于交通隔绝，皖西苏区没有纳入鄂豫皖苏区管辖，由六安中心县委负责皖西各县苏维埃政府工作。1931 年 5 月，皖西北特区苏维埃政府成立，皖西苏区改称皖西北苏区。1934 年 10 月，寿县和合肥两中心县委与两支红军游击队在合肥会合，组建中共皖西北中心县委。1935 年 2 月，中共皖西北中心县委又改组为皖西北特委。

土地革命是中国新民主主义革命的基本内容之一，也是党践行初心和使命的具体体现。皖西苏区建立后，全力开展土地革命。从 1930 年，中共六安中心县委发布《六安县六区土地政纲实施细则》，苏区进行土地改革，到 1931 年夏，皖西占农村人口 80% 的无地少地农民分得土地，获得了基本生存和发展权。1935 年秋，皖西北地区灾害严重，皖西北特委为了解决广大农民的饥荒问题，放手发动群众，先后组织 10 多次斗争，救济灾民，铲恶除奸，打击地方反动势力。苏区政府十分重视人民的参政权，工人、农民、红军士兵及一般劳苦群众，都有选举权和被选举权，公民有撤换苏维埃代表和监督苏维埃政府的权利。苏区政府非常重视妇女工作，以立法的形式规定了妇女在婚姻上的自主权。皖西北特委还特别设立妇女委员会，专门负责妇女工作。广大妇女获得政治上的翻身，以主人翁的姿态，积极投身苏区的各项建设。

苏区政府还大力推动经济建设。针对农村劳动力严重不足问题，开展农民互助合作运动，建立互助队和共耕队。组织农民兴修小型水利工程，自办工厂，解决军需品和日用品奇缺问题。当时英山、金家寨等地都建有兵工厂，生产枪支、子弹、大刀等兵器。一些集镇则建立了被服厂、农具厂、印刷厂、造币厂等各种工厂，以满足人民群众的日常所需。财政方面，废除国民党政府的苛捐杂税。文化教育方面，大办列宁小学，创办夜校和速成班，对成年人进行扫盲教育。苏区政府把体察群众疾苦、关心群众生活放在第一位，推行《优待医生暂行条例》，对从事医疗卫生事业的人员采取优待政策，改善苏区卫生条件，加强卫生防疫，提高群众健康水平。

正因为中国共产党始终代表最广大人民的根本利益，因此得到了人民

皖西北苏区五星县苏维埃政府旧址

群众的衷心爱戴和拥护。在群众支持下，苏区迅速发展。皖西、皖西北苏区发展鼎盛时期，境内拥有 8 个县级人民政权。

三　叶挺建设军民桥

叶挺（1896—1946），1924 年加入中国共产党，1925 年回国后，任国民革命军第四军独立团团长，参加北伐战争。他带领独立团攻无不克，战无不胜，是享誉中外的北伐名将。1927 年，他参与指挥南昌起义并出任前敌总指挥，参加广州起义并任工农红军总司令。抗日战争爆发后，他投身抗战，任新四军军长。1941 年 1 月皖南事变发生，叶挺将军和国民党谈判时被非法扣押，被囚 5 年多，他不惧国民党威逼利诱，并作《囚歌》明志。1946 年 3 月，叶挺终于获释。4 月 8 日，因飞机失事，叶挺在山西兴县黑茶山遇难，遗体葬于延安"四八"烈士陵园。

老百姓送给新四军"保国卫民"的匾额

　　1937 年 7 月卢沟桥事变后，国共两党携手合作，联合抗日。8 月，中共中央革命军事委员会发布命令，宣布将党在南方 8 省的红军游击队改编为国民革命军陆军新编第四军，叶挺任军长。1937 年 12 月，新四军军部在汉口成立，1938 年 1 月，移驻南昌。同年 4 月，叶挺率领新四军军部进驻云岭，进行部队整编。新四军在岩寺叶子河东面办起了部队医院，还为当地贫苦农民的孩子办起了小学。新四军中有文化的士兵担任教员，孩子们都可以接受免费教育。但是孩子们每天上学从河西到河东，需要过一座狭窄的危旧独木桥，十分危险，特别是梅雨时节，洪水翻腾奔泻，更使人胆战心惊。叶挺将军看到群众尤其是孩子们过桥困难，就亲自设计修桥方案，由部队负责建造一座新桥。在村民积极参与和帮助下，一座长 8 米、宽 2 米的木质结构新桥很快就修好了。新桥竣工当天，叶军长满怀欣喜地在桥的两侧书写了"军民合作，抗战到底"八个大字。当时人们称颂这座桥为"军民桥"，后来当地群众为纪念叶挺军长，称这座桥为"叶挺桥"。1956年11月22日，安徽省人民委员会公布"叶挺桥"为全省重点文物保护单位。1961年3月4日，国务院公布"叶挺桥"为全国重点文物保护单位，作为新四军军部旧址纪念馆"十大旧址"之一。

四　刘邓大军挺进大别山

抗战胜利后，国民党军队在完成内战准备后，于1946年6月调集重兵，向中原解放区发动进攻。其后，国民党军向其他解放区展开大规模进攻，全面内战由此爆发。1947年6月30日夜，刘伯承、邓小平率领晋冀鲁豫野战军主力12万人一举突破黄河天险，揭开了战略进攻的序幕。刘邓大军千里

刘邓大军挺进中原示意图

跃进，于8月末进入大别山区。他们紧紧依靠人民群众，艰苦作战，粉碎国民党军队的重点轮番进攻，到11月共歼敌3万余人，建立33个县的民主政权。

为争取广大群众支持，刘伯承和邓小平对部队"约法三章"。在严明纪律约束下，刘邓大军所到之处秋毫无犯，加上部队有组织、有纪律地帮助各地农民办实事、解难题，陆续建立地方政权，恢复发展生产。1947年9月，刘邓大军解放安徽立煌县，不久更名为金寨县，并在解放的地区发动群众建立民主政权，组织群众开展生产自救。在金寨，至今仍流传着"实事求是搞土改""决不能白收大娘的鸡蛋""坚决找回大爷的耕牛"等刘邓大军一心为民、决不扰民的故事。刘邓大军凭借铁一般的纪律，获得了民心，得到人民的大力支持，在大别山地区站稳脚跟并重建鄂豫皖解放区。1948年3月，刘邓大军主力为实现中央的战略意图，北渡淮河，转出大别山，之后奔赴淮海战役主战场。

五　渡江战役胜利

在渡江战役中，安徽处于重要的地位，以邓小平同志为书记的总前委驻在合肥附近的瑶岗。1949年4月，安徽人民在"打过长江去，解放全中国"的口号鼓舞下，积极投入渡江战役支前运动，从筹集粮草到组织民兵担架、运输队，从抢修铁路、公路、桥梁到征集船只、水手，皖北地区共组织了13个民工团，出动支前民工279万余人、船1万余只、水手1.38万余人、大小车辆9.8万余辆，为渡江战役的胜利作出重要贡献。

1949年4月20日凌晨，渡江战役打响。安徽长江沿岸的船工们不怕流血牺牲，与人民解放军一起冒着猛烈炮火冲向长江南岸，涌现出许多可歌可泣的故事。船民车胜科的父亲在战斗中不幸牺牲，他接过父亲手中的桨，继续前进。渔民胡业奎冒着生命危险，凭借小木盆过江，拖回 18 条敌军南逃时抢去的民船支援大军渡江，并参加渡江突击队。船工王德金冲锋在前，驾驶船只率先把解放军先遣纵队送到板子矶，登上长江南岸，荣获"渡江先锋"称号。由怀宁和望江两县 127 名回民青年和船工组成的渡江战役回民渡江突击队驾驶 20 余条小船运送解放军渡江。渡江战役胜利后，中国人民解放军赠送该队"伊斯兰的英雄"锦旗一面，并给每位船工颁发"渡江船工光荣证"。在渡江战役中，涌现出许多英雄模范，仅无为就有特等渡江英雄 2 人，特等渡江功臣 1 人，一等功臣 296 人，二等功臣 429 人，三等功臣 937 人，四等功臣 499 人。

在渡江战役中，年仅 14 岁的马毛姐，在手臂中弹的情况下依然咬牙坚持，她和哥哥不畏枪林弹雨，把 3 批渡江战士送到长江南岸，抢救 16 名落水战士。

中国人民解放军渡江船只冒着敌人的炮火向长江南岸进发

1951 年 9 月，马毛姐赴京参加国庆典礼，毛主席亲切接见她，并在赠送给她的笔记本上题词"好好学习，天天向上"。2021 年 6 月，马毛姐荣获"七一勋章"。

百万雄师过大江，小小木船帮大忙。"最后一口粮，做的是军粮；最后一块布，做的是军装；最后一个儿子啊，送到了部队上。"这首当年的歌

渡江战役一等功臣马毛姐渡江支前雕塑

谣，连同成千的小木船，见证了人民群众和共产党的鱼水深情、血肉相连。对于安徽人民的支前行动，刘伯承元帅曾深情地说："六安、合肥到安庆道上的民工海潮似的日夜送军粮，沿江居民省出自己的粮食给军队吃，他们的贡献极大，感人极深。"2020年8月19日，习近平总书记考察安徽期间，参观渡江战役纪念馆，重温革命历史、缅怀革命先烈，他指出："渡江战役的胜利是靠老百姓用小船划出来的。"

六 "一定要把淮河修好"

历史上的淮水是一条独流入海的河流，淮河曾是中国最为富庶的流域。"走千走万，不如淮河两岸"的美誉流传至今。但自宋代黄河夺淮入海后，淮河水灾频发，成为最难治理的河流之一，一度被老百姓称为"坏河"。为治理淮河水患，沿淮地区人民付出了巨大努力和牺牲，但收效甚微。到新中国成立时，淮河流域仍是"大雨大灾、小雨小灾、无雨旱灾"。

新中国成立之初，安徽淮河流域发生重大洪涝灾害，沿岸人民的生产和生活遭受巨大损失，其中皖北地区是重灾区。1949年秋和1950年夏，淮河流域连续发生严重水灾。1950年特大洪水发生后，华东军政委员会和皖北区党委迅速向中共中央报告了皖北的灾情。淮河洪灾引起中共中央和毛泽东主席的高度重视，毛主席指示开展抗洪救灾和治理淮河的工作。从7月到9月，毛泽东连续4次对淮河的治理工作作出批示。在毛泽东主席的指示下，8月中旬至9月上旬，水利部在北京召开首次治淮会议，对治淮工作作了充分研究。10月14日，中央人民政府作出《关于治理淮河的决定》，确定了"蓄泄兼筹，以达根治"的治淮方针。11月6日，在蚌埠成立治淮委员会。根据党中央、政务院的部署，皖北行署和皖北军区紧急动员，立即向皖北军民发出了《治淮动员令》，很快形成了治淮热潮，灾区人民备好治淮工具，争相报名上堤。城市和非灾区也掀起支援治淮的热潮，蚌埠的机关、工厂、街道掀起了"一方土"运动。淮河沿岸群众不分昼夜向工地赶送粮食，忙得"人不停步""车不停运""船不停航"。到1951年5月，淮河干支流复堤工程基本完成。

1951年5月3—6日，中央治淮视察团32人到达蚌埠，视察团代理团长邵力子将绣有毛泽东亲笔题词的"一定要把淮河修好"4面锦旗，分别送

1951 年 5 月 3 日，中央治淮视察团赠送毛泽东题写的
"一定要把淮河修好"锦旗

给治淮委员会和豫、皖、苏等 3 省治淮机构。5 月 15 日，《人民日报》发
表了毛泽东主席的题词：一定要把淮河修好。由此，掀起了新中国成立后第
一次大规模治理淮河的高潮。

七　农村土地改革

"耕者有其田"是中国历朝历代农民的梦想，在共产党的领导下，广
大农民这一梦想终于变成了现实。中华人民共和国成立前，安徽土地占有关
系极不合理，占全省农村人口总数不到 10% 的地主、富农，拥有土地总数
的 60% 左右，而占人口总数 90% 以上的贫农、雇农和中农，仅拥有 40% 左

右的土地。一些地主、富农凭借着占有的大量土地，通过各种地租，对广大无地少地农民进行剥削。不合理的土地占有制度，严重阻碍了农村生产力的发展，严重影响了农民群众生活。

安徽在新中国成立初期，分为皖北、皖南两个行政公署，土地改革按皖北、皖南两个行政公署分两期进行。皖南土地改革于1950年7月开始试点，同年年底在全区普遍展开，1951年7月基本结束，整个过程连续性、整体性较强。皖北由于1950年淮河流域发生严重水灾，生产救灾和治理淮河成为沿淮地区紧迫任务，不得不将土地改革分为两批进行：第一批在灾情较轻的淮河以南24个县进行，从1950年8月开始至1951年7月结束；第二批在灾情较重的淮河以北19个县和淮河以南沿淮5个县进行，从1951年7月开始至1952年7月结束。因此，整个皖北土地改革延续较长，结束时间较皖南晚近一年。

合肥郊区魏岗乡农民陈以明
在新分的土地上插地标

土地改革后，农村、农民面貌焕然一新，广大农民终于拥有了自己的土地。"千年铁树开了花，农民土地还了家"，分得土地的农民异常欢喜，安徽广大农村呈现出一片欣欣向荣的崭新气象。

八 中共安徽省委、省人民政府成立

安徽地跨长江南北，新中国成立前后的一段时期内，并未设立安徽省委、省人民政府，而是以长江为界一分为二，分为皖南、皖北两个行政公署。1949年2月，经中共中央批准，准备在合肥成立中共安徽省委、安徽省人民政府。但4月3日，华东局又向中央报告："暂不成立安徽省委，而分开成立皖北区党委和皖南区党委。"中共中央批准了报告，随之，中共安徽省委撤销。

1952年8月25日，安徽省人民政府委员会第一次全体委员会议留影

1949年4月，皖北人民行政公署成立，驻地合肥。皖北行署下辖阜阳、宿县、滁县、巢湖、六安、安庆6个专区和合肥、蚌埠、安庆3个市及淮南特区。5月13日，皖南人民行政公署成立，驻地屯溪，下辖芜当、宣城、池州、徽州4个专区及屯溪市。当时，芜湖市由南京市代管，不在皖南行署管辖范围内。7月，皖南行署机关搬至芜湖。不久，芜湖市改为皖南行署直辖市。至此，皖南区的所有县市都统一归入皖南行署的行政管辖之内。皖北、皖南行政公署均相当于省一级的政权机关，安徽相当于分区而治。

1951年12月20日，根据华东军政委员会的决定，皖南、皖北两行署先行在合肥办公，酝酿成立安徽省人民政府。1952年1月2日，中共安徽省委成立，两行署仍合署办公，行使省级权力。8月7日，中央人民政府正式批准，撤销皖北、皖南人民行政公署，成立安徽省人民政府委员会，曾希圣任安徽省人民政府主席。8月25日，安徽省人民政府正式成立，省政府委员会机关驻合肥市。

九　筑起新中国第一闸

2020年7月20日，接国家防总命令，安徽省阜阳市阜南县淮河王家坝闸开闸放水，蒙洼蓄洪区启用蓄洪。顷刻间，良田变泽国。在开闸的76.5小时里，蒙洼蓄洪区共蓄洪3.75亿立方米，为淮河安澜起到关键作用。这是自1953年王家坝闸建成以来，第16次开闸蓄洪，直接经济损失超过45亿元，蒙洼蓄洪区百姓再次用实际行动诠释了顾全大局的牺牲奉献精神。

淮河，发源于河南省桐柏山，流经河南、安徽、江苏三省，全长约1000公里。淮河流域夏季降水集中，水患一直是困扰淮河流域人民的难题。1951年，党中央从全局出发，决定在淮河设置第一座蓄洪区——蒙洼蓄洪区。1953年1月，王家坝闸开工，该闸为保护淮河中下游的第一道安全屏障，被誉为"千里淮河第一闸"。蒙洼蓄洪区与王家坝闸共同组成了王家坝水利枢纽工程，为削减淮河洪峰、保淮河安澜立下汗马功劳。每当淮河抗洪进入危急时刻，蒙洼蓄洪区的人民舍弃家园、开闸蓄洪，引洪水进家园，让良田

阜南县王家坝闸

成汪洋，践行"舍小家，为大家"的王家坝抗洪精神。

王家坝人的牺牲和奉献，换来了整个淮河流域的安澜。同时，也得到了来自党和政府及社会各界的关怀。党和国家领导人多次亲临王家坝，看望受灾群众，并对他们作出的巨大牺牲给予高度赞扬。王家坝人民在长期的抗洪斗争中形成的"王家坝抗洪精神"，是王家坝几代人努力奋斗积累的宝贵财富，是淮河儿女精神风貌的真实写照。

十　新中国第一炉铜水

新中国成立初期，铜原料十分匮乏，考虑到国民经济和国防建设需要，1949 年 12 月 29 日，第一次全国有色金属会议在北京召开，会上提出恢复建设铜陵铜官山铜矿。由于资金十分紧张，中央政务院决定先行投资 9500 吨大米，进行铜官山铜矿工程建设。

为支持国家经济建设，1950 年 6 月，一大批建设者从上海、北京、浙江、山东及安徽的淮南、马鞍山等地，汇聚到铜陵的铜官山下，开始了艰苦的创业。当时，铜官山没有电力、道路、住房，更没有开矿的机器设备，建设者们怀着建设新中国第一座铜矿的雄心，住草棚、饮溪水，用铁锤钢钎开山凿岩、掘井钻巷，用箩筐担石装矿、挑来抬往。1952 年 6 月，铜官山铜矿正

1953 年 5 月 1 日，铜官山冶炼厂冶炼出第一炉铜水

式出矿。同年11月，一座日处理400吨的选矿厂建成，冶炼厂主体工程完工。到1952年年底，与矿山生产相配套的机修、发电、运输等辅助工厂相继建成，恢复建设任务胜利完成。短短两年半时间，建设者们以惊人的毅力，凭着"箩筐精神"，用极其简陋的工具，硬是在荒山野岭建起新中国最早的铜工业基地。

铜官山冶炼厂是新中国自行设计、自行建设的第一座铜冶炼厂。1953年5月1日，铜官山冶炼厂生产出第一炉铜水，浇铸出第一批合格铜锭。1957年，铜官山铜矿的铜料、粗铜产量首次双双突破万吨，约占当时全国产量的47.4%，支撑起中国铜工业的半壁江山，解了国家国防工业和民用工业缺铜的燃眉之急，掀开了新中国铜工业的发展序幕。此后，由铜官山铜矿几经发展变迁而来的铜陵有色金属集团，也逐渐从开采、铜冶炼向井巷施工、装备制造、精细化工等方面多元发展，不断壮大。

十一　安徽第一炉铁水

马鞍山矿区是宁芜断陷盆地内5个构造岩浆成矿带（区）最重要的矿区，是我国七大铁矿区之一。新中国成立后，党中央指示，利用马鞍山的有利资源，以少量投资，在短期内建设好铁厂，由此形成华东地区的重工业基地。1953年初，按照党中央指示，马鞍山铁厂开始全面修建。来自全国15个省市的建设大军，搭棚为营，风餐露宿，将6座71~74立方米高炉奇迹般完成改建。1953年9月16日18时05分，第一炉铁水奔流而出，结束了华东地区"有矿无铁"的历史。

1958年，马鞍山钢铁公司成立。同年9月20日，毛主席亲临马钢视察，健步登上5号高炉（今9号高炉），从工人师傅手中接过望火镜，从风口处聚精会神察看炉内矿石熔化情况，并详细询问了高炉动工的时间和出铁产量。当他得知高炉建成仅用不到一年时间，且是我国自主设计、自主制造、自主安装后，十分高兴，当即作出了"马鞍山条件很好，可以发展成为中型钢铁联合企业。因为发展中型钢铁联合企业比较快"的重要指示。在党和政府的关怀下，马鞍山钢铁工业突飞猛进，捷报频传。至1960年，矿山生产基本实现了机械化作业，一批中型高炉、大型炼焦、小型轧钢工厂相继建成。1958年3月，马钢炼出第一炉钢水，同年12月轧出第一根钢材；1959年4月，第一批铁合金产品问世；1960年6月，第一炉机制焦炭出炉。

20世纪60年代，中苏关系恶化，中共中央决定依靠自己的力量发展工业。当时国家车轮轮毂完全依赖进口，中央把调整期全冶金系统唯一的重点工程——火车车轮轮毂厂迁到马鞍山，国家冶金部、铁道部、交通部等8个部门，江苏、上海、安徽等21个省市全面协作工程会战。经过近两年的艰苦奋战，1964年7月29日，马钢建成中国第一条火车车轮轮毂生产线，轧出中国第一个直径为840毫米的辗钢整体车轮，结束了中国依靠进口轮毂装配车辆的历史，马钢车轮也因此被称为为国争光的"争气轮"。

2020年8月19日，习近平总书记考察中国宝武马钢集团时勉励马钢在

2020年，中国宝武马钢高铁车轮实现量产

长三角一体化发展中把握机遇，顺势而上，特别是要把自身改革发展同长三角一体化发展有机结合链接，力争在长三角一体化发展中不断壮大自己，也为长三角一体化发展作出自己的贡献。截至2021年8月，马钢车轮已驶入全球70多个国家和地区。马钢自主研发的时速250公里、350公里高速车轮，顺利通过中国高铁60万公里装车考核，时速350公里高速车轮出口德国，国际高铁车轮市场有了"安徽制造"。

十二　荒山崛起石化城

1970年9月，党中央决定在安徽建造一座炼油厂，并相应配套生产部分化工产品。由于当时国家正处在"备战备荒"的特殊时期，按照"靠山、隐蔽、分散"的原则，厂址选在怀宁县山口镇，但因交通等问题，工程进展缓慢。1973年3月，国家计委、建委、燃化部联合发文，把国家引进的13套大型化肥装置中的一套作为炼油配套工程，放在安庆建设，同时决定将厂址迁到同是荒山野岭、交通较为便捷的安庆市西北郊。

1974年7月10日，安庆石化破土动工。为早日实现投

1976年，建设中的安庆石油化工总厂

产，广大建设者在创业极为艰辛、物质极为匮乏的艰苦条件下，搬掉了 7 座山头，填平了 30 多口水塘，安装各种大型设备 3800 多台、仪表 6000 余个，铺设各种管线 56 万米，吊装各种塔器罐 91 座，建设大小码头 7 座。经过 4 年时间，建成包括炼油、化肥、热电、机械等分厂在内的，拥有万余名职工的大型石油化工企业。安庆石油化工总厂的投产，结束了安徽省没有石油化工企业的历史。1982 年 5 月 30 日，安庆石油化工总厂通过国家验收，由试生产转为正式生产，正式加入了国家大型企业行列。

经过 40 多年的生产建设和改革发展，安庆石化已发展成为年营业收入近 500 亿元，利税超百亿元的特大型石油、化工、化纤、热电联合企业。截至 2021 年底，中国石化安庆石化公司拥有年综合加工能力 800 万吨的炼油装置，日处理煤 2000 吨的壳牌粉煤气化装置，以及年产 33 万吨合成氨、21 万吨丙烯腈、7 万吨腈纶、10 万吨乙苯—苯乙烯等主要生产装置 70 余套。公司固定资产原值 229 亿元，净值 100.3 亿元，累计上缴税收超过 1144 亿元。

十三　农业"三改"试点

农业"三改"是 20 世纪 50 年代中共安徽省委在深入调查的基础上提出的改革措施。为避开灾害，保证收成，解决群众温饱，中共安徽省委农业科技工作者在深入调查研究的基础上得出结论：要达到农业保收的目的，除了建设防洪治涝的水利工程外，还必须对农业生产布局和生产习惯等进行一系列的改革。

1953 年 9 月 6 日，安徽省委召开省委扩大会议，省委书记曾希圣在会上正式提出农业进行三项改革的建议：第一，改变夏秋两季的收成比重，由原来的夏四秋六争取到夏七秋三，使夏收大于秋收；第二，改种高产作物和耐水作物，推广马铃薯和山芋，沿淮低洼地区逐步改种水稻；第三，改变广种薄收的习惯，实行深耕细作，提高单位面积产量。

1953年，安徽各地按照"积极领导，因地制宜"的原则，进行农业"三改"试点。1954年，农业"三改"开始在全省由点及面逐步推行，并初显成效。1955年，农业"三改"在全省范围内大规模推行，种植面积增加到3963万亩，平均每亩增产粮食34公斤，全省农业获得大丰收。同年，全省粮食总产量达230亿斤，超过国家下达计划180亿斤的28%，取得显著成绩。

1956年，安徽全省又发生大面积灾情，但全年收成仍好于以往同等灾年，1957年粮食又获得大丰收。农业"三改"推广中也出现要求过高过急、脱离实际和"一刀切"的问题，但是由于"三改"本身符合安徽农业实际情况，具有科学性、可行性，对推动农业生产的发展，提高区域性以及全省粮食总产量，起到了积极作用。

农业"三改"推广中淮北地区农村妇女下田插秧

十四 "一五"计划胜利完成

　　1951年，中共中央根据当时的实际情况，决定自1953年起编制和实施第一个五年计划。同时，中央也向各地布置了编制地方初期计划的任务。安徽省第一个五年计划，是国家第一个五年计划的组成部分，它的基本方针是：集中主要力量，开展以农业合作化为中心的农业生产运动，大力发展农业生产，支援国家工业化；积极地发展地方工业、交通运输、商业、文教卫生事业；加速对资本主义工商业和手工业的社会主义改造，保证社会主义成分在国民经济中的比重不断增长；保证在发展生产的基础上逐步提高人民的物质和文

"一五"期间，安徽省农村广播站相继建立。图为舒城县农民在收听广播

化生活水平。

在"一五"计划实施的过程中，安徽遭遇了1954年特大洪灾和1956年较大涝灾两次重大自然灾害。但是，英勇不屈的安徽人民没有在困难面前低头，在省委和省人民政府领导下，经过全省人民的艰苦奋斗，"一五"计划的主要任务基本完成，甚至是超额完成，尤其是经济方面，1957年全省工农业生产总值比1952年增长72.42%，其中农业总产值增长49.3%，工业总产值增长1.27倍，完成计划的134.1%。在经济建设取得累累硕果的同时，安徽的科技、教育、卫生、文化等社会事业也在"一五"期间得到迅猛发展，人民群众的物质生活、文化生活水平得到提高。

"一五"期间，全省掀起了大规模水利建设的热潮，五大水库中有4个在"一五"期间开始兴建。邮电和能源等基础设施建设也得到了迅速发展。"一五"期间还进行了大量的工业投资，比如新建、扩建了铜陵有色金属公司、淮南煤矿、安徽印染厂、安徽造纸厂等一批骨干企业。"一五"计划为安徽省的发展打下了坚实的基础。

十五　"三大改造"为进入社会主义奠基

社会主义改造主要是指对我国农业、手工业和资本主义工商业的改造，简称"三大改造"。农业社会主义改造，实质是引导、推动农民摆脱一家一户的生产方式，走互助合作的道路。土地改革以后，安徽开始试办初级农业生产合作社。初级社是以土地入股、统一经营为特征的集体经济组织，以按劳分配为主，兼有土地分红。1954年春，安徽掀起兴办初级社的小高潮，1955年初，开始试办高级农业合作社。高级社取消了土地分红，把耕畜和大型农具作价归公，并按劳动工分统一分配收入。到1956年年底，全省加入农业合作社的农户占总农户的95.6%，其中高级社达1.28万个，占总农户的 80.7%，全省绝大数农户都入了社，原定 15 年完成的农业合作化任务，仅用了 4 年就完成。

1952 年，安徽省合作总社成立，负责统一组织领导全省手工业的改造，以实现全省手工业的集体化、合作化。各地供销社遵照"重点组织，稳步发展"的原则，普遍选择一些重点行业进行试点。1954 年，安徽省手工业合作总社提出《对安徽省手工业实行社会主义改造的几点意见》，将手工业生产小组、手工业供销生产社、手工业生产合作社，作为手工业社会主义改造的 3 种组织形式。参加社会主义改造，一般要经过手工业生产小组和手工业供销生产社，或经过这两者中的一种，再过渡到手工业生产合作社这样一个由小到大、由低级到高级的发展过程。

对资本主义工商业的改造是从 1953 年开始的，基本方法是通过扩大加工订货等方式，发展初级和中级国家资本主义。1954 年以后，公私合营成为改造的基本形式。安徽对一批规模较大、较重要的私营企业，如安庆胡玉美酱园厂、蚌埠信丰面粉厂、芜湖明远电厂等，实行合营。在对私营工业进行改造的同时，对私营商业也进行了社会主义改造。到 1956 年春，全省基本完成了对资本主义工商业改造的重任。到 1956 年底，安徽基本完成了对农业、手工业和资本主义工商业的改造，在较短时间内把生产资料私有制转变为社会主义公有制。"三大改造"胜利完成，

六安（今合肥蜀山区）小庙乡方家才互助合作社社员在
合作书上盖章

标志着社会主义制度在安徽基本建立起来。

涡阳县 13 家私营白酒作坊组建"国营安徽高炉酒厂" 潘学峰 摄

十六 省城一批重点文化建筑建成

安徽省博物馆、江淮大戏院、光明电影院、安徽大学主教学楼……在 20 世纪 50 年代中后期，省城合肥一批重点文化建筑建成，这些建筑极具代表性。它们既有苏式风格又有中式特色。它们的设计和建造在当时的合肥产生了深刻影响。可以说，这些建筑作为城市不可或缺的记忆，不仅见证了合肥城市的发展，也记录了那段属于合肥乃至安徽的峥嵘岁月。

安徽省博物馆是最值得安徽人引以为豪的建筑之一。该馆于 1956 年 11 月正式建成，是典藏安徽历史的重要文化建筑。1958 年 9 月 17 日，毛泽东来到安徽省博物馆视察，发表了重要讲话："一个省的主要城市，都应该有这样的博物馆，人民认识自己的历史和创造的力量是一件很要紧的事。"当时的省博物馆，因其颇具个性的外形，以及丰富的藏品成为二十世纪五六十年代全国四大样板馆之一。

与省博物馆相类似的著名苏式建筑还有安徽大学主教学楼。安大主教学楼1956年开始规划建设，1958年建成，是一幢典型的苏式建筑。安大主教学楼是仿莫斯科大学建造而成，也是当年合肥最高的建筑。

江淮大戏院也是50年代省城重点文化建筑群中不得不提的一栋建筑。"合肥第一，安徽第一""华东地区最有名的戏院""咱们安徽人的骄傲"这些评价都是从老合肥人的口中说出来的。谈到江淮大戏院，他们的脸上总是洋溢着自豪。江淮大戏院始建于1954年，占地面积4835平方米，场内可容纳1400多名观众，是安徽省标志性文化建筑，周恩来、刘少奇、朱德等党和国家领导

1956年建成的安徽省博物馆

合肥市江淮大戏院

人曾在此观赏过文艺表演，知名演员梅兰芳、荀慧生、红线女、常香玉等艺术大师都曾在这里为合肥市民演出。这些具有时代特色的老建筑是安徽发展史中的标志，也是 20 世纪 50 年代的美好回忆，展现了安徽时代精神。

十七 上海企业内迁

20 世纪 50 年代，由于上海工业企业过度集中，工业布局不合理，远离原料产地和销售市场，且又处于海防前哨，经常受到国民党空军的袭扰，导致上海工业发展出现了极大的困难。而安徽作为内陆省份，自然资源丰富，占据长江航道和沪宁、津浦铁路的便利，交通方便，但经济基础薄弱，工业发展举步维艰，于是在国家的统筹协调和安徽省委、省政府的积极争取下，50 年代陆续有 108 家上海工厂内迁安徽。

1953 年春，安徽省委委派省委工业部副部长李广涛同志前往上海，负责接洽沪企内迁事宜。当时安徽省委确定了几条内迁厂的选择标准：首先是人才和技术，其次是设备与资金，再次是安徽急需办而且又有条件办和有发展前途的企业，最后是小型企业，以便于搬迁和建厂。经过多次协商洽谈，双方确定了内迁和改造紧密结合的工作方针，签订了《内迁协议书》，并在两地分别成立了迁厂委员会（或迁厂小组）和各厂新建筹备处，由沪皖双方代表组成，共同承办工厂内迁及新建过程中的具体事务。按照协议规定，上海内迁企业分别于 1955 年和 1956 年两次大批迁皖，到 1958 年，共从上海内迁 108 家私营企业，大多数是轻工企业，主要分布于合肥、芜湖、蚌埠、安庆等城市。

上海公私合营远华印刷厂内迁合肥全体职工合影留念　沈春铭　供图

　　沪企迁皖，不仅带来了大量无偿的固定资产，而且带来了大批企业管理人才、工程技术人才和技术熟练的工人，使得安徽工业尤其是轻纺工业实力大大增强，初步形成安徽轻纺工业、机械工业、食品工业、化学工业的框架，奠定了安徽工业发展的基础。

十八　五大水库建成

　　在毛泽东主席"一定要把淮河修好"的伟大号召指引下，皖西地区相

1954 年 11 月，佛子岭水库建成

继修建了佛子岭、龙河口、梅山、磨子潭、响洪甸等五大水库。五大水库不仅创造了大坝建设史的奇迹，也创造了治淮史的奇迹。

1950年3至6月，淮河水利工程总局组织查勘淠河，提出了淠河东、西两源上游可兴建佛子岭和长竹园（即响洪甸）两座水库。1950年7月大水后，治淮委员会会同有关单位根据"蓄泄兼筹"的治淮方针对地质进行复勘。1951年4月，第二次治淮会议制定的《治淮方略》和1952年度工程要点中，确定修建佛子岭水库。佛子岭水库，位于淮河支流淠河东源上游，坝址在安徽省霍山县城西南17公里处，漫水河、黄尾河径流入库，是新中国成立初期中国自行设计具有当时国际先进水平的大型连拱坝水库。该水库于1952年1月动工，1954年11月建成，历时2年又10个月；实际控制面积1270平方公里，水库总库容4.96亿立方米，相应洪水位130米，汛期兴利库容1.2亿立方米，死库容1.25亿立方米，防洪标准为千年一遇。当时国内缺乏建造连拱坝的资料，以汪胡桢为代表的水利专家，以科学的态度，刻苦钻研的精神，解决了连拱坝设计与施工中一个个难题，仅以3年的时间便完成了当时亚洲第一座钢筋混凝土连拱坝建筑任务。水库的建设培养了一大批水利水电建设人才。

此后，梅山、响洪甸、磨子潭、龙河口水库等分别于1954年3月、1956年4月、1956年9月、1958年11月相继开工。其中梅山水库最大坝高88.24米，全长443.5米，是当时世界上最高的连拱型大坝；响洪甸水库大坝是新中国自行设计和施工的第一座等半径同圆心混凝土重力拱坝，最大坝高87.5米；磨子潭水库的建立提高了佛子岭水库防洪标准；龙河口水库是淠史杭灌区和中国大别山地质公园的重要组成部分，被时任联合国大坝委员会原主席兰希先生赞为"非常了不起的工程"。它们共同构成了淠史杭水利工程五大水库，发挥着防洪、灌溉、发电、城市供水、航运、水产养殖等重要的水利功能。

十九　我国第一条砂礓公路

新中国成立初期，安徽省淮北平原只有几条狭窄土路，雨天数日不能通车，严重影响工农业生产和人民群众生活。1954年的特大洪水导致皖北地区很多路段被水淹没，最深处达5米，中断交通道路有的长达半年之久。淮河蚌埠段水位高达22.18米，蚌阜路怀远部分路段水深1米以上，马店桥被水淹没，中断交通一个多月，建设晴雨都可通车的公路成为百姓迫切所需。

1954年，安徽省交通厅决定首先对皖北地区的蚌埠至阜阳的公路铺筑路

2020年，皖北地区路网密集，实现公路"村村通"

面,在石料奇缺的情况下,利用当地含有黏土砂粒的砂礓作为主材,铺设公路。1955年5月,蚌阜公路全线铺成晴雨通车公路并通车,被誉为"中国第一砂礓公路",有效缓解了新中国成立初期淮北平原通行难问题,此举也拉开了建设普通干线公路的序幕。这是淮北平原地区公路建设史上的里程碑。

蚌阜公路在全省乃至全国产生了良好的示范效应。1956年10月,全国公路养护会议后,由交通部组织21个省市参观团来安徽观摩,对首创砂礓路面的成功和公路绿化等成果,以及在养路费年收入不足300万元的困难条件下,取得了投资小、收效大的成就给予较高评价。随后,江苏、山东等省产有砂礓的地方,都陆续铺筑了砂礓路面。可以说,在很长一段时间里,有砂礓的地方,都推广铺筑砂礓路面。截至2019年12月,安徽全省公路总里程达21.8万公里,位居全国第8位,长三角地区第1位。全省1455个乡镇(包括街道、乡、镇等)和17091个建制村(包括居民委员会、村民委员会等)已全部通硬化路,通硬化路率为100%。

二十　淠史杭特大型灌区

淠史杭工程工地建设场景

淠史杭灌区是淠河、史河、杭埠河三大灌区的总称,是新中国成立后兴建的全国最大灌区(截至21世纪初),与都江堰灌区、河套灌区并称中国三个特大型灌区,被誉为"新中国治水史上的一颗璀璨明珠"。

该工程自1958年开始兴建,1972年基本建成,二十世纪八九十年代又进行续建和配套完善。工程兴建之时，国家经济困难、物资匮乏、技术落后，江淮人民用十字镐、独轮车，肩挑手抬，以最多日上工人数80万人的"人海战术"投入其中，开挖了6亿立方米的土石，如果将这些土石筑成一米见方的长堤，足足可以绕地球20圈。淠史杭灌区以五大水库、三大渠首、2.5万公里七级固定渠道、6万多座各类渠系建筑物，以及1200多座中小型水库、21万多座塘堰组成的蓄、引、提相结合的"长藤结瓜式"的灌溉系统，纵横交错在江淮大地上，沟通淠河、史河、杭埠河三大水系，横跨长江淮河两大流域，实现了雨洪资源的科学利用和水资源的优化配置，使昔日赤地千里的贫瘠之地变成了今天的鱼米之乡，被誉为"新中国治水史上的一颗璀璨明珠"。淠史杭工程，是人民力量的丰碑，是自立自强民族精

"人间天河"淠史航工程

神的突出体现。

二十一　消灭血吸虫病

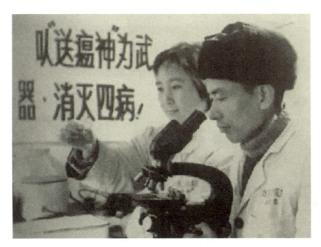

血吸虫病防治专家在检查血吸虫病样本

血吸虫病曾流行于安徽长江两岸、皖南山区。据有关资料统计，1949年前安徽省流行区因血吸虫病流行而毁掉的村庄有363个，倒塌房屋17806幢（间），田园荒废近4700公顷，全家死绝的有1909户，数百个村庄变成了"罗汉"村、寡妇村。50年代初，全省查出40余万血吸虫病人，其中近3万人已为晚期，受血吸虫病威胁的人口约有1000万。

新中国成立后，党和政府高度重视人民疾苦，原华东军政委员会卫生部早在1950年8月就在安徽建立了华东区皖南血吸虫病防治所，这是新中国在地方建立的首批疾病预防控制机构之一。1955年，毛泽东主席发出"一定要消灭血吸虫病"的号召，中共中央成立了全国血防9人领导小组。同年，安徽省也成立了省委防治血吸虫病8人领导小组，下设负责日常协调工作的办公室；各流行市、县也先后成立了相应的领导小组。1956年起，在中共中央关于"加强领导，全面规划，依靠互助合作，组织中西医力量，积极治疗，七年消灭"的血吸虫病防治工作方针指引下，各流行区掀起了防治运动高潮。

1958 年，江西省余江县率先在全国消灭了血吸虫病。毛泽东得知后，写下了《送瘟神》的诗篇，热情赞扬人民群众"送瘟神"的英雄气概和伟大力量，给予全国人民极大的鼓舞。同年，安徽省共消灭钉螺面积为 2.76 亿平方米，治疗病人 20 多万人。

在血吸虫病的防治中，安徽省是以传染源控制为主的血吸虫病防治策略的发源地，提出以林抑螺的林业血防措施，研发了血吸虫病间接血凝诊断试剂，为安徽乃至全国的血吸虫病防治作出了重要贡献。经过 70 多年的不懈努力，安徽省血吸虫病防治工作取得辉煌的成就，2008 年全省实现了疫情控制目标，2014 年实现了传播控制目标，血吸虫病疫情降至历史最低水平。

二十二 建设两淮煤矿

两淮煤矿是我国重点建设矿区之一。淮南、淮北地处我国经济最发达而能源又最短缺的华东地区，在经济战略上具有重要地位。两淮煤炭储量丰富，品种齐全，煤质优良，兼有水陆交通之便利。因此新中国成立后，党和政府把两淮煤矿的开发，列为国家重点建设之一。

1949 年 1 月 18 日，淮南矿区解放，3 月即迅速恢复生产。对九龙岗、大通、新庄孜等老矿进行扩建、改造，同时开始大规模的新井建设。到 1957 年年底，先后建成投产谢一、谢二、谢三、李一、李二等 5 对矿井，连同原来的 3 对老矿，淮南矿区已有 8 对矿井，1957 年原煤产量达到 492.9 万吨。

在 1958 年"大跃进"运动中，全省掀起了"夺煤大战"和建井高潮。同年 7 月，淮北矿区建设紧急上马，并全面铺开。至 1962 年，淮北矿区已有 6 对生产矿井，年产煤 166 万吨，矿区初具规模。在"大跃进"运动中，淮南矿区理所当然地成了整个华东地区为"大办钢铁"而源源不断提供煤炭的首选之地。淮南矿区立即上马建设 3 对矿井，同时大量征集农民手工挖煤，

1960 年产煤 1614 万吨，跨入年产千万吨大型矿务局之列。到 1962 年，淮南矿区已有 10 座煤矿，晋升为全国五大矿区之一。到 1965 年，两淮矿区共有 18 处生产矿井，设计年生产能力 1107 万吨，当年总产量 1121 万吨。

　　1977 年，两淮煤矿被确定为全国重要煤炭基地，开始了大规模的新区会战，煤炭产量大幅提升。

淮南矿务局谢家集二号竖井开工典礼大会

　　2004 年，两淮煤矿被确定为全国 13 个亿吨级大型煤炭基地之一，并规划实行煤电联营，建设大型煤电基地。自此，两淮基地新建矿井 12 对，新增煤炭产能 3040 万吨；新建扩建电厂 8 座，新增发电装机规模 807 万千瓦。到 2008 年 12 月，两淮亿吨级煤电基地竣工投产，成为我国首个亿吨级大型煤电基地。与此同时，国家规划建设的皖电东送工程于 2007 年开工建设。2013 年 9 月 25 日，工程全面完成并投入正式运行。当年，安徽省向华东电网送电总计达 269 亿千瓦时。当时，大约有六分之一的上海居民和四分之一的杭州居民家庭用电，来自安徽两淮煤矿。

二十三　试点推广责任田

20 世纪 50 年代末的"大跃进"和人民公社化运动，由于背离了党一向倡导的实事求是原则，凭主观愿望和意志办事，结果事与愿违。为克服经济

推广责任田后农业喜获丰收，农民社员在分配超产奖励粮

困难的形势，安徽省委在实践中采取了一些措施，对错误进行纠正。

为调动农民生产积极性，中共安徽省委第一书记曾希圣于1960年年底提出"按劳动底分包耕地，按实产粮食记工分"办法。在日后的试点和推广过程中，其基本内容概括为：包产到队，定产到田，以产计工，责任到人。这个办法全称为"田间管理责任制加奖励"，简称"责任田"。

1961年2月下旬，曾希圣亲自带领工作组到合肥市郊进行责任田试点。试点得到社员的积极响应。3月和7月，曾希圣两次将试行责任田办法向毛泽东作汇报，得到肯定。1961年7月，省委部署推广责任田。到10月中旬，全省实行责任田的生产队达到总数的84.4%，年底达到90.1%。责任田仅试行一年就大见成效。1961年，全省粮食总产量达到189亿斤，比1960年增产54亿斤，增产幅度达40%。由于粮食增加，农民生活得到了初步恢复，大批外流人员纷纷回乡种责任田。

责任田从试点到推广，始终存在着分歧。1962年2月的"七千人大会"上，曾希圣和他推行的责任田受到批判。随后，曾希圣被调离安徽。改组后的安徽省委立即着手"改正"责任田，到1963年9月，全省99.9%的生产队"改正"责任田，恢复集体经营。责任田虽只历时两年，但它迅速扭转了安徽农村经济形势，成为安徽农民的"救命田"。

二十四　淮北平原挖新河

安徽省淮北地区由于长达600多年的黄河夺淮和民国时期两次黄泛的影响，水系破坏严重，致使每到汛期，主客水矛盾突出，排水出路不畅，洪涝灾害严重。为解除淮北地区的洪涝灾害，减轻淮河汛期时的压力，二十世纪六七十年代安徽在淮北地区相继开挖了三条大型人工河：新汴河、茨淮新河和怀洪新河。

20世纪50年代初期，大规模治淮工程开始后，对淮北主要支流进行了低标准治理，排水条件有所改善，但仍未解决主客水矛盾。1966年10月，国务院批复兴建新汴河工程。同年11月，新汴河工程开工，历时五年，1970年5月竣工。新汴河横跨皖苏两省，河道全长127.2公里，西起安徽省宿州市西北的戚岭子，经灵璧县、泗县、江苏省泗洪县，于洪泽湖注入溧河洼，因河道平行于隋朝时开挖的汴河旧迹（开封至洪泽湖），故命名"新汴河"。新汴河开辟了一条新的排水入洪泽湖的通道，使上游河南沱河及其支流排水通畅，较好地解决了安徽宿县地区濉河、唐河、沱河等内河排水问题，防洪、除涝、灌溉、城镇供水和航运等综合效益十分显著。

为了扩大淮河干流中游泄洪量，提高防洪标准，确保淮北大堤和蚌埠、淮南市工矿区圈堤安全，相关部门在1956年编制的淮河流域规划中，曾经

1966年，新汴河开挖工地建设场景

提出开挖淮北分洪道的设想。1971年2月，国务院治淮规划小组在《关于贯彻执行毛主席"一定要把淮河修好"指示的情况报告》，以及附件《治淮战略性骨干工程说明》中，决定在安徽淮北地区开挖茨淮新河和怀洪新河。

三条人工新河兴建后，安徽淮北地区水系形成了新的格局，在防洪、排涝、灌溉、航运、供水等方面，效益十分显著。安徽人民以坚持不懈的艰苦奋斗赢得了胜利，是治淮历史上辉煌的一页。

二十五　卫生事业"三大法宝"

新中国成立之初，安徽广大农村地区普遍面临着缺医少药，传染病、地方病横行的困境，居民健康水平极为低下。为提高卫生健康水平，国家提出了"面向工农兵、预防为主、团结中西医、卫生工作与群众运动相结合"

"赤脚医生"在行医途中

的四项卫生工作方针。1965 年 6 月 26 日，毛泽东发出"把医疗卫生工作的重点放到农村去"的号召，建立面向全体人民的公平的医疗保障制度。从此，"赤脚医生""合作医疗""县乡村三级卫生网"成为农村卫生事业的"三大法宝"，成为世界卫生组织在全球范围内推广初级卫生服务运动的样板。

建立全省范围内的县乡村三级卫生防疫体系。1959 年，安徽省卫生厅出台《关于人民公社卫生医疗机构若干问题的意见》《关于加强综合医院管理工作的意见》。安徽自上而下地建立起了全省范围内的卫生防疫体系，逐级组建了卫生防疫站，负责急性和慢性传染病、环境卫生、食品卫生、学校卫生、劳动卫生和卫生监督等各项卫生防疫工作，致力于预防和消除传染病、地方病，并把预防严重危害人民健康的流行病、严重威胁母婴生命的疾病和建立基层卫生组织作为两大工作重点，不断改善城乡居民健康状况。

建立"赤脚医生"队伍，培育基层医疗骨干。安徽省卫生厅印发《当前卫生工作中几项主要工作的意见》，指出一切卫生工作都要在党的领导之下，从实际出发，面向工农兵，依靠群众，尊重客观规律。为解决农村卫生人员短缺问题，各生产大队从当地代代相传的医学世家或是知识分子中略通医理者选取部分人员做"赤脚医生"。"赤脚医生"具有一定的医疗知识和能力，大多由基层政府指派和领导，但没有正式编制和固定薪金，需要一边务农维持生活，一边为当地百姓行医送药。这种低成本服务帮助中国在短期内解决了农村基层的卫生问题。

建立合作医疗，形成医疗互助制度。合作医疗是由农民自愿参加，个人缴费、集体扶持和政府资助多方筹资，以大病统筹为主的农民医疗互助共济制度。1969 年 2 月 1 日，濉溪县蔡里公社南庄大队建起了安徽省第一个村办合作医疗。到同年 11 月，全省有 406 个人民公社、2212 个生产大队实行合作医疗，占全省生产大队总数的 10.81%；到 1976 年年底，全省 26241 个生产大队，实行合作医疗的有 24788 个，占大队总数的 94%。

在"预防为主"方针的指引下，"三大法宝"发挥神奇作用，全省爱国卫生运动扎实推进，在卫生资源有限、传染病肆虐猖獗的情况下，有限的医疗卫生资源得到合理配置，初步保障了农村居民的生命健康。

二十六 "小三线"建设

"小三线"建设是指在各省、直辖市、自治区的战略后方地区建立以轻武器生产厂为主，包括为武器配套的工业、交通运输业等在内的地区后方基地。"小三线"建设是为了将三线建设深入到中小城市、县城，甚至乡村，使我国形成支持长期战争的工业基础。在这个前提下，一批又一批的年轻人跋山涉水来到安徽的大别山腹地，投身到"小三线"的建设浪潮中。

1964 年 9 月，毛泽东主席根据国际形势比较紧张的情况，提出要加强战备，改变工业布局的要求。安徽省根据中央部署，决定在山区建设"小三线"军工生产基地。安徽省委确定省委书记处书记李任之兼任安徽省三线建设指

前进机械厂

挥部指挥（对外称安徽建设指挥部）。为布点合理科学，李任之和专业技术人员一起，深入深山老林，跋山涉水，进行选址。当时，中央三线建设的要求是"大分散、小集中"以及"靠山、分散、隐蔽"，选址成了"三线厂"建设的重中之重，经过多次遴选，安徽"小三线"建设第一厂皖江机械厂最终定址舒城的大河公社，从此拉开了安徽"小三线"建设的大幕。

和全国的"大三线"建设同步，安徽的"小三线"建设也经历了两个高潮。第一次形成于1965年，党中央确定了要立足于打大仗和快搬、早搬的指导思想，但不久即因"文化大革命"爆发而处于停止状态；第二次高潮是因1969年年初发生在中苏边境的珍宝岛事件而起，大部分"三线"企业和安徽"小三线"厂的崛起便在这一时期。安徽的"小三线"厂最终达到24个。"小三线"的建设对支持国防、支援山区和贫困地区的经济文化建设，起到积极的作用。安徽"小三线"民用产品中的微型汽车、针织、机械等，成为国内市场上的畅销产品，有些产品还远销海外。

二十七　合肥诞生中国第一台微型计算机

1971年，美国硅谷研制出了微处理器。消息传到国内，众多科技工作者都立志要研制出中国自己的微型计算机。经过研讨和论证，1973年，第四机械工业部（电子工业部）决定由清华大学、安徽无线电厂和第四机械工业部六所成立联合设计组，研制微型计算机。安徽无线电厂负责总体设计、软件设计、外部设备研制和安装调试，清华大学负责集成电路的研制，四机部六所负责推广应用。

研制最难的是技术问题，项目组没有任何资料和数据可供参考，只能一点点地实验，像蚂蚁啃骨头一点点向前推进。研制计算机，芯片是核心技术。当时中国的集成电路技术很低，研发人员就化整为零，将处理芯片分

1977 年 4 月 23 日，中国第一台微型计算机
在合肥诞生

解成小块，再将小块组成完整的芯片。经过 3 年多的艰苦攻关，在突破无数技术障碍后，1977 年 4 月 23 日，中国第一台微型计算机 DJS-050 在合肥诞生了。来自全国各地的 300 多名专家齐聚合肥市，共同见证中国第一台微型计算机的真容与实力。1978 年，全国科学大会召开，安徽无线电厂研制的微型计算机 DJS-050 获得了全国科学技术工作"重大贡献奖"。

第二章
安徽建设小康社会之路
（1978—2002）

二十八　安徽出台"省委六条"

安徽是农业大省，受"文化大革命"的影响，农村问题特别严重，农民生活特别困难。1977年6月，中共中央决定万里任安徽省委第一书记、省革委会主任。万里上任后，先是听取省农委政策研究室负责人的汇报，了解到安徽农村有将近90%的生产队社员不能维持温饱，有10%的生产队社员仍在饥饿线上挣扎。随后，万里深入农村实地调查，用3个多月的时间，跑遍了全省大部分地区。在革命老区金寨县农村，农民吃不饱、穿不暖、家徒四壁的种种情景让万里震惊了，他认为必须改变现状，"非另找出路不可！"

根据省委和万里指示，省农委政策研究室主任周曰礼率队赴农村作专题调研。不久，周曰礼等人在调查研究、酝酿讨论、汇集各方面的意见后，集体起草了《关于当前农村经济政策几个问题的规定（草稿）》。万里和省委其他负责人一道，到农村召开座谈会，征求基层干部和群众的意见，对草稿进行了多次认真的修改和完善。

1977年11月，中共安徽省委召开全省农村工作会议，着重讨论研究当前农村迫切需要解决的一些经济政策问题。会上对《关于当前农村经济政策几个问题的规定（草稿）》进行集中讨论，最终形成《关

《人民日报》以《一份省委文件的诞生》为题，报道安徽农村改革情况

于当前农村经济政策几个问题的规定（试行草案）》（简称"省委六条"）。《红旗》杂志1978年第三期发表万里长篇文章《认真落实党的农村经济政策》，3月17日新华社发了通稿。"省委六条"引起舆论界的广泛关注。

"省委六条"对原有的农村政策做了较大幅度调整，其主要内容有：可以把地里的农活安排给生产小组甚至个人；要尊重生产队的自主权；减轻生产队和社员的负担；实行按劳分配；粮食分配要兼顾国家、集体和个人利益；允许生产队社员种自留地，并在集市出售自己的产品。

1978年春，在执行"省委六条"过程中，安徽省委强调"农业生产大忙季节，要以农业生产为中心"。"省委六条"突破了长期无人逾越的禁区，是一份关于农村政策的开拓性文件。继"省委六条"后，万里带领省委又先后作出"借地度荒""联产计酬""包产到户"等一系列决策。1978年，安徽全省积极贯彻"省委六条"，农业获得丰收，一时间，民间流传着"要吃米，找万里"的歌谣。

二十九　肥西山南推行包产到户

1978年，安徽省大部分地区持续10个多月干旱，许多地区河水断流、塘库干涸、土地龟裂，旱灾造成全省6000多万亩农田受灾，4000万人口的地区人畜吃水困难。面对严峻的形势，万里召开省委紧急会议，果断作出"借地度荒"的决定：凡集体无法耕种的土地，可单独划出借给农民耕种，超过计划扩种部分，收获时不计征购，由生产队自行分配；鼓励农民利用空闲地、荒地种粮，谁种谁收谁有，不必上缴国家，不派统购任务。"借地度荒"效果立竿见影，不仅激发了广大农民的抗灾热情，而且引发了包产到户的实践。

肥西县山南公社是全省有名的贫困地区，省委出台"借地度荒"政策后，公社社员从一个"借"字中做出了大文章。1978年，山南公社借地给农民种"保命麦"，每人 0.4 亩，自种自收。1978 年 9 月 15 日，山南区委书记汤茂林，来到他蹲点的柿树公社黄花大队，召开党员座谈会，研究抗旱救灾办法。大家最后议出了一个实行"四定一奖一罚"的包产到户责任制。9 月 17 日，黄花大队开始"借地"给社员，全队 1690 亩耕地中除 100 亩不宜秋种的土地外，其余耕地按人均 1.5 亩，"借"给了社员个人耕种。在"借地"中，小井庄生产队的社员更是"胆大"，把全队的 153 亩田地全部包到社员户头上，一周时间完成了 70 亩小麦和 30 亩油菜的秋种任务，"借"字转眼间变成了"包"字，小井庄成为最早包产到户的生产队。到 1978 年年底，山南区 1006 个生产队，有 776 个生产队实行了包产到户，186 个生产队实行了包产到组。全区在较短的时间内共种植小麦 8 万亩，大麦 2 万亩，油菜 4.7 万亩，超过正常年景以生产队为核算单位的种植面积 2 倍。

　　1979 年 2 月，万里主持召开省委常委会，讨论肥西山南包产到户问题，一致认为包产到户是个好办法，要有领导、有步骤地推行下去。

肥西县中国农村包产到户纪念馆

三十　小岗村大包干壮举

位于淮河南岸的凤阳县梨园公社小岗生产队是全公社最穷的一个生产队，年年"算盘响，换队长"，全队 20 户，无论是大户小户，无论是"光棍"还是姑娘，全都讨过饭。

安徽省委"借地度荒"的政策传到小岗村，小岗人坐不住了，也想着采取什么办法救灾度荒。1978 年的一个寒夜，生产队里没有外出的 18 户社员，每家选派 1 人，召开会议，商议渡过难关的办法。经过认真讨论，决定在保证交够国家公粮和集体提留的前提下，实行包干到户；如果队长为此坐牢，全村人负责把他的小孩养活到 18 岁。大家庄严地举手表决通过，并在契约上按了红手印，还保证严守秘密。

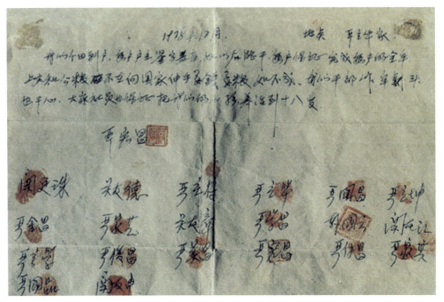

小岗村 18 位农民为大包干按下的红手印

　　1979 年，小岗村迎来大丰收。当年粮食总产量达到 13.3 万斤，十几年来第一次向国家交售余粮，第一次归还国家贷款，人均收入 400 元。饿肚子、逃荒要饭，在小岗村彻底成为历史。小岗村 18 位农民悄悄地实行"大包干"，并以"托孤"的方式、冒着坐牢的危险按下鲜红手印的包干到户保证书，成为中国农村改革的第一份宣言，小岗村也一跃成为中国农村改革第一村。

　　小岗生产队包干到户的办法最受农民欢迎。这个办法后来被称为"大包干"：即坚持耕地等基本生产资料的公有制，以家庭经营为基础，以联产承包为核心，采取"保证国家的，留够集体的，剩下都是自己的"分配方式进行包产到户。任何新生事物的发展都不是一帆风顺的。1980 年初，正当家庭联产承包责任制在安徽农村日趋发展之际，社会上出现了对包产到户强烈的批判之声。同年 3 月，万里离开安徽，调到中央工作。在受到外部强烈批判的影响下，安徽也出现了否定包产到户的声音，省委先后在蚌埠和芜湖分南北两片召开会议，讨论包产到户的发展趋势。

　　就在安徽农村改革面临危机之际，1980 年 5 月 31 日，邓小平在谈话中指出："农村政策放宽以后，一些适宜搞包产到户的地方搞了包产到户，效果很好，变化很快。安徽肥西县绝大多数生产队搞包产到户，增产幅度很大。'凤阳花鼓'中唱的那个凤阳县，绝大多数生产队搞了大包干，也是一年翻身，改变面貌。有的同志担心，这样搞会不会影响集体经济。我看这种担心是不必要的。"邓小平的谈话，具有扭转乾坤的巨大作用。同年，"大包干"迅速在全国农村推进。1980 年 9 月，中共中央印发文件，指出可以"包产到户"，也可以"包干到户"。"大包干"从此有了全国正式"户口"。 1982 年，包产到户被写入当年中央 1 号文件中。自此，"大包干"迅速在全国普及开来，成为我国农村家庭联产承包责任制的主要形式。

　　2016 年 4 月，习近平总书记在考察安徽时感慨道："当年贴着身家性命干的事，变成中国改革的一声惊雷，成为中国改革的标志。"习近平总书记强调，雄关漫道真如铁，而今迈步从头越。今天在这里重温改革，就

是要坚持党的基本路线不动摇，改革开放不停步，续写新的篇章。

三十一　恢复高考制度

1977 年 7 月，邓小平正式复出。同年 8 月，邓小平在全国科学和教育工作座谈会上指出："今年就要下决心，恢复从高中毕业生中直接招考学生，不要再搞群众推荐。"教育部根据邓小平指示，召开了全国高等学校招生工作会议，制定招生工作意见。

10 月 12 日，国务院批准了教育部《关于一九七七年高等学校招生工作的意见》，正式废除了"群众推荐"的招生办法，恢复全国统一招生考试。10 月 25—29 日，安徽省革委会召开全省高校、中等专业学校招生工作会议，传达贯彻全国招生工作会议精神。会议决定恢复高考制度，坚持"广开才路""择优录取"，做好招生制度的改革工作。会后，成立了安徽省招生委员会。

恢复高考的消息发布后，广大知识青年欢呼雀跃，奔走相告，使得首次招生考试的报名盛况空前。安徽全省报考的青年总数达 44700 人（含中专、技工学校招生，其中报考高等学校的 15060 人），人数之多，超过新中国成立以来安徽任何一年，当年共录取新生 2602 人，其中高校录取新生 1210 人。

高考的恢复，刹住了走后门的不正之风，破除了读书无用的谬论，摒弃了只讲阶级出身的不平等做法，树立了知识改变命运和机会面前人人平等的信念，大批优秀青年被选拔出来，很多人的命运因此改变。高考恢复，开创了一个尊重知识、尊重人才的历史新纪元。从那以后，每年千千万万的学子，为了实现心中的梦想，通过高考，走向心目中的高等学府。每一年，人们都能欣喜地看到无数寒门子弟，通过高考，改变自己的命运。

高考的恢复，还促进了科大少年班的诞生。中国科学技术大学在全国

率先进行了人才培养模式的改革。1978 年 3 月，中科大创建了中国高校第一个少年班，首批

21 名 11—16 岁智力超常少年被破格录取，成为新中国教育史上第一批少年大学生。科大少年班得到邓小平的高度评价："少年班很见效，也是破格提拔。"从此，"破格提拔，因材施教"成了少年班的鲜明特色。

科大少年班的学生在上物理实验课

三十二　"把黄山的牌子打出去"

黄山，位于安徽省南部，古时称黟山，后改称黄山，被誉为"天下第一奇山"。

黄山自然景观奇特，以奇松、怪石、云海、温泉、冬雪"五绝"著称于世。黄山素有"三十六大峰，三十六小峰"之称，莲花峰、光明顶、天都峰并称三大黄山主峰。黄山还有"天然动物园""天下植物园"的美称。山中有植物近 1500 种，动物种类 300 多种。

黄山虽有优美的风光，但长期以来缺乏建设，以致"藏在深山人少知"。改革开放前，黄山旅游业尚未兴起，旅游设施、接待能力远远不足，游客稀少。

黄山被贫穷落后紧紧包围着,但从1979年开始,黄山"捧着金碗讨饭吃,贫穷、落后伴两边"的窘况,开始发生历史性变化。

这一切,源于邓小平的"黄山谈话"。1979年7月11—15日,邓小平到黄山视察、游览。其间,邓小平对安徽省委和徽州地委的负责同志说:"在这里,我们的资本是山。要解放思想,开动机器,广开门路,增加收入","你们要有点雄心壮志,把黄山的牌子打出去!"

黄山找到了发展的金钥匙,即刻采取措施大力发展旅游业。同时,安徽全省也迅速行动起来,拉开了全省发展现代旅游业的序幕。1982年11月,黄山、九华山、天柱山风景区被列为国家第一批重点风景名胜区。1990年,黄山被联合国教科文组织列入世界文化和自然遗产名录。2004年,黄山成为全球首批世界地质公园网络成员。黄山成为全国第一个拥有三顶桂冠(世界自然遗产、世界文化遗产、世界地质公园)的风景名胜区。黄山,是安徽人民的骄傲,也是中国人民的骄傲,更是全人类的共同财富。

黄山迎客松

三十三 合肥旧城改造

合肥解放之初，是一个仅有 5 平方公里、5 万人口的小县城。新中国成立后，合肥市大力开展植树造林、绿化家园活动，先后建设了逍遥津公园、包河公园，绿化了大蜀山和古环城城墙遗址，并相继建立一批街头游园、花坛和林荫道。20 世纪 50 年代中后期，合肥建成一批有代表性的建筑，城区面貌有所改观。但由于资金缺乏，城市规模较小，城建比较落后，至 20 世纪 70 年代末，城区内仍有大量破旧房屋。

为解决这些问题，1983 年 9 月，合肥市政府组成两路改造指挥部，首先对长江路西段进行以改善交通、调整网点、美化市容为重点的综合改造，仅用 80 天时间就完成了拆迁重建任务，使长江路面貌一新，取得"投石问路"

20 世纪 80 年代，合肥市长江路范巷口

的效果。1984年，运用经营方式，吸引社会资金，本着"谁投资、谁受益"的原则，实行统一规划、统一设计、统一施工、统一经营的办法，对金寨路北段进行综合开发，至1987年12月全部竣工，这一带成了合肥新的商业、文化中心。

至1992年年底，合肥相继改造了长江路西段、金寨路北段、安庆路中段、淮河路西段、寿春路等5条市区主要街道；新建了光明巷、益民巷、义仓巷、大众巷、琥珀山庄等9个住宅小区，建成了金融大厦、九洲大厦、天都大厦等9座高层建筑；开发了城隍庙、七桂塘2个大型步行商业市场。旧城改造共吸引社会资金5.8亿元，开发面积101.7万平方米。通过旧城改造，旧城区居民的居住环境和条件改善了，商业网点紧张状况缓解了，城市道路拓宽了，城市功能完善了，城市整体环境得到了改善。

合肥旧城改造面临最大的难题是资金不足。市政府在全国较早地采取依靠社会财力的办法，实行统一规划、统一拆迁、统一经营。即在旧城改造过程中，广泛宣传旧城区地理位置的优越性，在"谁投资、谁受益"的前提下，政府再出台一系列优惠举措，吸引市民购房。指挥部则通过与用户签订售房协议，先预收30%的购房定金，为旧城改造积累资金，并实现了资金的滚动发展。据统计，指挥部自1983年9月至1998年1月，不要政府投资一分钱，累计吸引社会购房资金16亿元，有效化解了资金不足问题。

合肥旧城改造，受到国务院领导和社会各界的重视，在全国产生了很大影响。1984年在合肥召开了第一次全国"旧城改建经验交流会"，来自全国各省市、自治区的城市建设主管领导和部分城市的市长围绕旧城改建工作进行了讨论，相互交流了旧城改建的经验。1984年10月7日，《人民日报》在头版头条发表题为《统一规划，统一拆迁，谁投资谁受益，合肥借助社会财力改造旧城办法好》的文章，把合肥旧城改造经验推向了全国。此后，全国各大中城市纷纷派代表来合肥参观取经。合肥在旧城改造中形成了"统一规划、合理布局、综合开发、配套建设"16字经验，后来，又加上"因地制宜"，被载入 1989 年颁布的《中华人民共和国城市规划法》。

三十四 小城镇，大战略

1984 年 6 月，全国小城镇发展理论研讨会在安徽召开，来自北京、上海等 10 多个省、市的专家学者应邀参加会议。著名学者费孝通等参会并作了重要报告，他的一篇《小城镇，大问题》的报告给与会者以很大启发。会后，安徽省委、省政府及时作出《关于小城镇建设若干问题的暂行规定》（以下简称《规定》），明确指出小城镇是社会生产力发展到一定阶段的产物，是商品生产和商品交换的依托，是发展乡镇企业的基地，是农村政治、经济、文化、科技中心。《规定》对小城镇建设起到了积极推动作用，加快了全省小城镇建设的步伐。以此为契机，安徽的小城镇建设迈开新的步伐。

此后，安徽大力建设小城镇，经过 10 年努力，星罗棋布的小城镇在江淮大地上迅速崛起。小城镇不仅数量增加，规模也得到扩大。到 1994 年年底，全省建制镇发展到 771 个（不含城关镇和市辖镇），其中，人口 1 万 ~ 2 万的建制镇增加到 140 个，2 万人口以上的增加到 70 个；镇区面积在 1 ~ 2 平方公里的达到 244 个，2 平方公里以上的发展到 213 个。小城镇发挥了巨大作用，为乡镇企业的发展创造了条件，促进了农村市场的发展和繁荣，推动了农村产业结构调整和第二、第三产业的发展，为农村剩余劳动力转移创造了条件。小城镇建设提高了全省城镇化水平，有力促进了城乡一体化发展。

三十五 文化扶贫探新路

贫穷曾是困扰中国发展的一大难题。新中国成立后特别是改革开放后，中国采取了一系列的扶贫措施，力求解决绝对贫困问题。但救济了几十年，有些地区贫困状况没有任何改变，农村的贫困户也未减少，问题到底出在什么地方？这引起了著名社会学专家、安徽省社科院研究员辛秋水的思考。

20世纪80年代初，辛秋水在大别山贫困地区调研，发现很多贫困人口"甩着膀子晒太阳，坐等上面救济粮"。"送衣、送粮、送钱"的"输血"式扶贫效果非常有限，不但不能有效地解决贫困问题，反而变相鼓励了贫困农民的懒惰懈怠，形成了"等、靠、要"的度日观。山区的贫困不仅是物质资源的贫乏，更重要的是文化的匮乏，即智力、文化、信息、观念的贫乏。1987年年底，辛秋水给安徽省委主要领导撰写报告，提出了要改变传统的扶贫方式，树立"扶贫扶人，扶志扶文"的扶贫思路，研究制定"文化扶贫"方案，并请求组织批准自己到大别山区岳西县莲云乡蹲点一年，开展农村文化扶贫试验。

辛秋水（前排右三）与科技文化致富的 13 户农民合影

在时任安徽省委书记卢荣景的大力支持下，1988年4月，辛秋水赴安徽省岳西县莲云乡开展文化扶贫工作。他先后从合肥带去4100多册图书，订了26种报纸杂志，在莲云乡创办图书室、贴报栏、实用技术培训中心三大文化扶贫阵地，被当地群众亲切地称赞为经济发展的加油站、农民的情报信息源和庄稼人的学校。辛秋水实施文化扶贫的试验主要办法有三个：第一，建立图书室。根据乡情和百姓的需求，有针对性引入各种科普读物和报纸杂志。图书室成为当地农民学知识、学文化、学技术的重要场所。第二，设立贴报栏。及时将党和政府的政策法令、时代信息、科技知识和各种文明的道德规范传递到乡村。通过35个贴报栏，很多农民获得了需要的知识。第三，建立实用技术培训中心。针对当地情况，选择蚕桑、板栗、食用菌和大棚蔬菜实用技术项目，举办各种实用技术培训班。培训班还采取定点和巡回方式，翻山越岭到村、组放映关于农业实用技术的录像片，很受农民欢迎。

在文化扶贫的带动下，莲云乡很快形成一批拳头产品，如茶叶、蚕桑、药材、食用菌、禽畜和大棚蔬菜等。农民生活水平也有了显著提高，全乡人均年收入由1987年的192元增加到1995年的900多元，扶贫效果非常显著。1992年，中共安徽省委决定，在全省六个地市选点扩大试验，1995年，决定在全省普遍推广。

三十六　全国第一所希望小学

1991年，一张"我要上学"的照片震撼了国人，让人深深记住了那双求知若渴的大眼睛。改革开放初期，义务教育设施不全，许多贫困地区办学条件差，因贫辍学的孩子很多。20世纪80年代末，中国每年有100多万小学生因交不起学杂费而失学。"我要上学"成为许多贫困孩子的共同心声。

为救助贫困地区失学儿童，1989年10月，由团中央、中国青少年发展基金会发起了希望工程。希望工程旨在集社会之力，捐资助学，让千千万万因家庭贫困而失学的孩子重返校园，保障受教育的基本权利。1990 年 2 月，在团中央工作期间，李克强冒着严寒，率考察组来到大别山区考察，为全国第一所希望小学选址。金寨县地处大别山深处，是安徽省面积最大、人口最多的贫困山区县，是著名的革命老区，也是我国第二大将军县。老区教育的落后现状，震撼了考察组同志的心灵，也更加坚定了他们实施希望工程的决心。

1990 年 5 月 19 日，全国第一所希望小学在金寨县南溪镇诞生。同年秋，500 名因家庭贫困而失学的孩子重返校园。自此，希望小学如雨后春笋般出现在神州大地，为贫寒学子打开了希望的大门。希望工程改变了贫困学童的命运。"大眼睛"苏明娟的经历就是一个生动的写照。苏明娟出生在一个贫困家庭，每天往返 24 里山路刻苦求学。1991 年，摄影记者解海龙来到金寨县采访拍摄，无意中，苏明娟手握铅笔、两眼望向前方的那一瞬间，被拍成

了一幅题为"我要上学"的照片。照片发表后，国内外各大报刊争相转载，成为中国希望工程的宣传标志，苏明娟成了中国希望工程的形象代言人。在社会各界的关心支持下，苏明娟顺利完成学业并走上工作岗位。现在，她由当初的受助者变成了资助者，将希望延续下去。

希望工程还增强了全社会的教育意识，"再苦不能苦教育，再穷不能穷孩子"已成为全国人民的共识。希望工程倡导有益的价值取向和精神追求，很多爱心人士参加到

希望工程形象代言人苏明娟　解海龙　摄

希望工程行列中。从国家领导人到普通市民，从花甲之年的老人到幼儿园的孩子，从国内到海外，都有希望工程的捐赠者。希望工程以爱心呼唤爱心，是一项恩泽千秋、造福子孙的社会工程，是一项弘扬传统美德、倡导时代风尚的文明工程。

到 2014 年 10 月，全国希望工程已累计募款逾百亿元，先后建起 18396 所希望小学，资助贫寒学子 495 万名。其中金寨县希望小学培养了 6175 名贫困孩子，校长陈德武感慨地说："希望工程给老区贫困家庭的孩子带来了希望，我们学校出来的学生有本科生、硕士生，还有博士生，希望工程圆了他们出彩的人生梦。" 2014 年 10 月 28 日，李克强总理给金寨县希望小学师生回信，肯定希望工程是建设社会最富感召力的道德力量，指出消除贫困或难短时兑现，可创造公平必须刻不容缓，勉励大家共同持续不断努力，为天下所有贫困孩子的幸福人生创造美好的希望！

三十七　步入高速公路时代

高速公路，是经济社会发展的大动脉。一句句"汽车跳，安徽到""从南京到北京，中间有个跳舞厅"的顺口溜，形象地反映了 20 世纪 80 年代以前安徽省公路交通落后的状况。1978 年，安徽省公路通车里程仅 2 万多公里。

"要想富，先修路"，为改变现状，安徽交通人痛下决心，以敢为天下先的勇气，瞄准了当时在国内刚开始酝酿起步的高速公路。1986 年 10 月 1 日，全长 136 公里的合宁高速在探讨和摸索中上马。经过 5 年苦战，安徽克服资金短缺、技术落后、经验匮乏、设备不足等诸多困难，建成了全省第一条全封闭、全立交、双向四车道水泥混凝土高速公路——合宁高速。1991 年 10 月 4 日，合（合肥）宁（南京）高速公路建成通车，实现了安徽省高速公路零的突破。合宁高速是安徽省第一条、全国第三条高速公路。从此，安徽公路交通步入高速时代。

合宁高速的建成通车，大大缩短了安徽省与周边省、市的距离，对改善投资环境、开发资源等创造了条件。它不仅圆了安徽人民"早修高速，快致富"的夙愿，也让该路成为安徽省改革开放的"形象大使"。更值得一提的是，1991年安徽省遭受百年未遇的洪水，合肥市通往外地的公路、铁路全部中断，唯有试行的合宁高速在风雨中巍然屹立，畅通无阻。合宁高速担起"诺亚方舟"的重任，大批抗洪救灾抢险物资经合宁高速公路源源不断运到灾民手中。为此，人民群众亲切地称合宁高速公路为"救命路"。《人民日报》刊登题为《安徽有条救命路》的文章，盛赞合宁高速公路在抗洪救灾中发挥的作用。

在合宁高速公路的带动下，安徽省高速公路建设如雨后春笋般蓬勃发

安徽省首条高速公路——合宁高速公路

展。1995 年，合巢芜高速建成通车；1999 年，高界高速建成通车。此后，安徽省高速公路迎来发展的"黄金时代"。2003 年，合徐高速建成通车，安徽省高速公路通车总里程达到 1000 公里，从此"皖境成通途，江淮一日还"。2008 年，沿江高速、合淮阜高速建成通车，实现了"市市通高速"的目标。到 2020 年年底，安徽省高速公路通车总里程达 5000 公里，高速公路网可覆盖 93% 的县（区）主城区、83% 的规划 5 万以上人口乡镇、69% 的全国重点镇，全面实现高速公路"县县通"，一个承东启西、贯通南北、四纵八横的高速公路网建成。

三十八 "五八"造林绿化

1989 年 9 月 9 日，安徽省委、省政府提出"五年消灭荒山、八年绿化安徽"的规划（简称"五八"规划），要求从 1990 年起，5 年内完成现有 1800 万亩宜林地造林和封山育林任务；8 年内使新造林和封育林木郁闭成林，实现城市和平原县绿化达标，并实现公路、铁路、河道两旁、水库周围和城镇、村庄绿化。

领导上阵，真抓实干。时任省委书记卢荣景在动员讲话中说："实现造林绿化，是涉及改革安徽面貌的大事，是为人民群众造福的大事，一定要下最大决心抓紧抓好。"他表示："如果安徽三五年还改变不了荒山面貌，我将引咎辞职！"由此，向全省人民下了军令状。省委、省政府领导纷纷"包干"造林绿化点。卢荣景的包干点是全椒县龙泉山，他曾 9 次上山，与当地群众一起植树造林。在省委号召下，各级党政领导干部以身作则，先后有 500 多名领导干部"包干"造林绿化点。

群众受益，积极响应。安徽全省连续 5 年开展冬春整地、造林攻坚战，完成 1800 万亩宜林地造林和封山育林任务。六安市一马当先，成为全省第一个实现消灭宜林荒山的市。其他各地市也积极落实省委、省政府决定，春季大搞造林绿化，夏季开展林木抚育突击战和林业整地穿插战，秋冬组织林业整地攻坚战，使造林绿化变成全民、全社会的行动。经过8年奋战，安徽省林业建设取得丰硕成果。1994年10月20日，国家林业部确认，安徽省率先实现基本消灭荒山。1997年，安徽省实现城市和平原县绿化达标，成为全国第四个消灭宜林荒山和基本实现绿化达标的省份。截至2000年，全省林地面积达到5100万亩，森林覆盖率达到30%，森林蓄积量达到1.5亿立方米。其中，淮南市八公山森林覆盖率高达85%，2002年12月获批为国家级森林公园。

淮北市大力推进荒山绿化，成为全国石灰质山体绿化造林的样板工程

淮南市八公山国家级森林公园

"五八"造林绿化规划的实施，是安徽省改善生态环境、建设秀美山川的重大举措。"五八"规划任务的完成，为安徽省经济社会建设和百姓幸福生活打下了良好基础。1999年3月，安徽省又及时推出万里绿色长廊工程，随着工程的实施，安徽的山更青、水更绿，家园更美丽！

三十九 从民工潮到"凤还巢"

"把穷苦和梦想装进行囊，把脱贫和致富寄托远方，把青春和汗水奉献城市，把财富和希望带回家乡。在城市，铸造的是辉煌；回家乡，撑起的是脊梁。无论在哪里，你们都与1000万父老乡亲共同大写着两个字——阜阳。"这首《阜阳农民工之歌》唱出了改革开放大潮中中国农民工的心声。安徽省是人口大省，也是外出农民工人数较多的省份，每年外出打工创业人数都在1000万人以上。从20世纪80年代的"民工潮"开始，农村青年大量涌入城市。进入 21 世纪，随着农村政策的逐步落实，新型工业化、城镇化、信息化、农业现代化的同步推进，每年都有大批农民工回乡就业创业，形成"凤还巢"的新景象。

改革开放后，安徽农村生产力得到前所未有的解放和发展，但是由于人多地少，农村劳动力严重过剩，农村人力资本得不到完全开发利用，农民生活仅能温饱而不能富裕。在此背景下，安徽农村一部分敢冒险、能吃苦的青年农民，开始走出家园，背井离乡，外出"淘金"。他们中的大多数涌向了建筑工地和工厂，文化程度不高的他们干的是最辛苦也是最危险的工作。每年春节过后，大批农民乘车外出打工，上千万的民工潮由此诞生。

随着时代的进步，新生代农民工与第一代农民工明显不同。他们有文化、有头脑、懂经营，他们在新的环境下学到了技术和管理经验，积累了创业资金和创业发展的人脉，有的不满足在就业地打工，开始进行创业，掘到人生第一桶金。随着社会主义新农村建设和乡村振兴战略的实施，安徽农村发生了巨大变化，加上户籍、土地、子女教育等优惠政策吸引，许多外出务工人员开始带着资金和技术回乡创办企业。从输出劳动力到带回生产力，民工潮逐渐演变为返乡创业潮。农民工为中国经济起飞提供了充裕的劳动力，壮大并更新了中国产业大军，有效解决了农村剩余劳动力难题，为"三农"问题困境踏出一条坦途。农民工成为中国农村脱贫致富的主力军，改变着农村消费规模、消费结构与消费水平。农民工也把城市生活的新观念，市场经济运行中的新规范，带回了广大农村，有力提升了乡村文明程度。

四十 "傻子瓜子"：民营经济先行者

年广九是"傻子瓜子"品牌创始人，被称为"中国第一商贩"。他命运的起伏被认为暗合着我国个体私营经济的发展进程，他本人更因邓小平三次对他点名而闻名全国。

年广九曾以乞讨为生，后改做小生意。他卖的瓜子味美价廉，被称为"傻子瓜子"。销量好了，他开始雇工生产，到1979年，已有雇工12名，超过当时个体私营经济雇工人数最多只能7人的国家限制。年广九成为当时饱受争议的人物。

是否允许"傻子瓜子"发展？年广九雇工问题如何处理？安徽省委也拿不准。1980年，安徽省委指示省农委派人到芜湖调查"傻子瓜子"，并写了调查报告，认为应该允许"傻子"继续发展。不久，中央农村政策研究室主任杜润生，看到这份报告，认为很好，特地把调研报告送给邓小平批阅。邓小平看到材料后，表示"放一放"和"看一看"。这是邓小平第一次谈"傻子瓜子"。

此后，"傻子瓜子"发展迅速，成为响遍全国的知名品牌。生意好了，年广九又增加了雇工。1983年，雇工人数达到103人，成为当时中国雇工人数最多的个体经营户。当时对于雇工争论不休，年广九再次成了"众矢之的"。

1984年10月22日，在中央顾问委员会第三次全体会议上，邓小平明确指出："前些时候，那个雇工问题相当震动呀，大家担心得不得了。我的意见是放两年再看。那个能影响到我们的大局吗？如果你一动，群众就说政策变了，人心就不安了。你解决了一个'傻子瓜子'，会牵动人心不安，没有益处。让'傻子瓜子'经营一段，怕什么？伤害了社会主义吗？"这是邓小平第二次在讲话中提到"傻子瓜子"。

1992年春，邓小平南方考察时说："农村改革初期，安徽出了个'傻子瓜子'问题。当时许多人不舒服，说他赚了一百万，主张动他。我说不能动，一动人们就会说政策变了，得不偿失。像这一类的问题还有不少，如果处理不当，就很容易动摇我们的方针，影响改革的全局。"这是邓小平第三次谈到"傻子瓜子"。

从此，以"傻子瓜子"为代表的中国民营经济，不仅获得合法地位，也进入了迅猛发展的快车道。一个"傻子"在邓小平的关心下站立起来了，千千万万个投身市场经济的"傻子"发展起来了。今天，民营经济的大军，已成为我国经济建设的重要支柱。

四十一　水患无情人有情

1991年，安徽省遭受特大洪涝灾害，受灾范围之广、持续时间之长、程度之深、损失之重，为近百年来所罕见。全省有38个县（市）城区进水，43779个村庄、892万人被水围困，受灾面积8700万亩，受灾人口4400余万，房屋倒塌157万间。洪水造成全省农业、工业、商业、教育文化等各项经济损失达275.3亿元。

灾情牵动着党和国家领导人的心。6月9—16日，时任国务院总理李鹏来安徽察看灾情，指导抗洪工作，慰问困难群众。7月7日，时任中共中央

1991年夏季大水，安徽省受灾地区的大量房屋、道路、农田被淹

总书记江泽民冒雨察看淮河灾情，看望受灾群众。11 月 18—23 日，江泽民

总书记再次来到安徽
灾区，指导灾区恢复
重建，慰问干部群众。
灾情发生后，在党中
央、国务院的坚强领
导下，各级党政领导
身先士卒，率领广大
干部群众奋战在抗洪
救灾第一线，有效指
挥和组织抗洪救灾。

1991 年夏季，军民齐心协力抗洪抢险

人民子弟兵冲锋在
前，用血肉之躯勇拦洪水，排除了许多险情，抢救了许多被洪水淹没或围困
的群众和财产，涌现出许多可歌可泣的感人事迹，赢得群众的信任和尊敬。
行蓄洪区人民顾全大局，毅然牺牲局部利益，在洪水威胁淮河大堤、津浦铁
路、沿淮工业城市以及邻省城乡人民财产安全的紧要关头，先后启用 25 个
行蓄洪区，承受了 166 万亩良田和近千个村庄被淹没的巨大损失，45 万人
无家可归，挤居在临时搭盖的救灾棚内。安徽人民以勇于牺牲、顽强拼搏、
顾全大局、团结协作、风雨同舟、无私奉献的抗洪精神，积极投入到抗洪抢
险斗争中，谱写了一曲震古烁今的江淮颂歌。在抗御特大洪灾过程中，各种
水利工程发挥了巨大的减灾效益。安徽抗洪救灾，一是充分利用大别山区佛
子岭、梅山、响洪甸、磨子潭四大水库抗洪削峰，二是启用 12 个行洪区和
3 个蓄洪区，三是利用茨淮新河分洪。这些防洪工程的调度运用，有效地减
轻了淮河干流的洪水压力，保证了淮北平原、津浦铁路、阜淮铁路、两淮煤
电能源基地和沿淮城镇工矿的安全。

　　1991 年安徽特大洪灾虽然在历史上实属罕见，并且给江淮大地造成了

极其惨重的损失，但由于决策科学、部署及时、调度周密，再加上海内外的多方援助，这次抗洪救灾成为新中国成立后救灾工作做得最为成功的一次。

1991 年秋，国务院召开了治淮会议，决定在"八五"期间投资 61 亿元治理淮河。随后，安徽省出动了 1000 万人参加淮河治理，共完成土石方 4.3 亿立方米，重点实现了怀洪新河开挖、淮北大堤加固、硖山口拓宽、行蓄洪区退建以及沿淮低洼易涝地区的治理等，新中国成立后第二次治淮高潮也由此掀起。

新中国成立 70 多年来，安徽省先后战胜了 1954 年、1975 年、1982 年、1991 年、1998 年、2003 年、2007 年等多次特大洪水，最大限度地减轻了灾害损失，保护了人民群众生命财产安全。

四十二　八百里皖江第一桥

皖江第一桥——铜陵长江大桥

长江在安徽省境内，从西往东流经安庆、池州、铜陵、芜湖、马鞍山 5 市，绵延 416 公里，素有"八百里皖江"之称，曾经是难以逾越的天堑。新中国成立以前，长江上没有一座大桥，只能通过轮渡过江，交通十分不便。1957 年 10 月 15 日建成通车的武汉长江大桥，是"万里长江第一桥"。而八百里皖江第一桥则是铜陵长江大桥。

早在 1984 年，有关部门就提出建设铜陵长江大桥，但因资金缺乏等原因多次搁置。1988 年，国家计委正式批准铜陵长江大桥立项，1990 年铜陵长江大桥被列为"八五"交通重点建设工程。1991 年 12 月 15 日，铜陵长江大桥正式开工。1995 年 12 月 26 日，铜陵长江大桥正式建成通车。

铜陵长江大桥西起普济圩桥，上跨长江水道，东至上水桥枢纽；大桥全长 2592 米，主桥长 1152 米，引桥 1440 米，桥面为双向四车道高速公路，设计速度为 100 公里 / 小时，这是一座在当时具有世界先进水平的双塔双索面斜拉桥。该大桥工程先后获得交通部优质工程一等奖、优秀设计二等奖，建设部 2000 年中国建筑工程鲁班奖（国家优质工程）。

铜陵长江大桥是安徽省境内跨越长江天险、沟通大江南北的重要交通枢纽，建成后结束了安徽省没有长江大桥的历史，开创了大江南北变通衢的交通新格局。随后，芜湖长江大桥、安庆长江公路大桥、马鞍山长江大桥、铜陵长江公铁大桥、望东长江大桥、安庆长江铁路大桥、芜湖长江二桥，亦先后建成通车。一条条大桥犹如一道道彩虹横跨八百里皖江，成为跨越长江天险，沟通大江南北的重要交通枢纽，给沿江人民生活带来了便利，也揭开了皖江经济社会发展的新篇章。

四十三 城镇住房制度改革

新中国成立后的 40 年间，安徽省城镇住宅建设投资达 108 亿元，建成住宅 1 亿平方米，城镇居民的住房条件得到了初步改善。但由于现行的低租金、实物分配的住房制度存在着严重的弊端，住房建设和维修资金严重匮乏，城镇住房供需矛盾十分突出，到 1990 年年底，全省城市中仍有缺房户 15.82 万户，人均居住面积仅 6.4 平方米，低于全国平均水平。

为缓解城镇居民住房困难，不断改善住房条件，逐步实现住房商品化，推动房地产业发展，1991 年 11 月，国务院办公厅转发《关于全面推进城镇住房制度改革的意见》。1992 年 7 月，安徽省政府出台《关于印发安徽省城镇推行住房制度改革意见的通知》（以下简称《通知》）。提出"八五"期间力争城镇人均居住面积达到 7.5 平方米，住房成套率达到 40%~50%，解决人均居住面积 3~4 平方米以下的特困户的住房问题，建立起城市、单位、个人三级住房基金；"九五"期间城镇人均居住面积达到 8 平方米，住房成套率达到 60% 以上，危房、棚户基本得到改造，房屋完好率达到 80%。《通知》确立改革的主要内容为提租发补贴、推行公积金、出售公有住居、有偿住公房、集资合作建住房、建立住房基金。

1995 年 2 月，安徽省人民政府又出台了《关于认真实施国务院关于深化城镇住房制度改革决定的通知》。将房改的基本内容概括为"三改四建"。

"三改"即把住房建设投资由国家、单位统包的体制改变为国家、单位、个人三者合理负担的体制；把各单位建设、分配、维修、管理住房的体制改变为社会化、专业化运行的体制；把住房实物福利分配的方式改变为以按劳分配为主的货币工资分配方式。"四建"即建立以中低收入家庭为对象、具有社会保障性质的经济适用住房供应体系和以高收入家庭为对象的商品房供应体系；建立住房公积金制度；发展

关于全面推进城镇住房制度改革的意见（摘要）

国务院住房制度改革领导小组

（一九九一年十月十七日）

为了落实七届全国人大四次会议通过的《中华人民共和国国民经济和社会发展十年规划和第八个五年计划纲要》中有关改善居民居住条件的要求，继续积极稳妥地进行城镇住房制度改革，经全国住房制度改革工作会议认真讨论，现就全面推进城镇住房制度改革提出以下意见：

一、城镇住房制度改革的总目标

城镇住房制度改革是经济体制改革的重要组成部分，其根本目的，是要缓解居民住

国务院办公厅转发国务院住房制度改革领导小组关于全面推进城镇住房制度改革意见的通知

国办发〔1991〕73 号

各省、自治区、直辖市人民政府，国务院各部委、各直属机构：

国务院住房制度改革领导小组《关于全面推进城镇住房制度改革的意见》，已经国务院同意，现转发给你们，请结合实际情况贯彻执行。

国务院办公厅

一九九一年十一月二十三日

住房金融和住房保险，建立政策性和商业性并存的住房信贷体系；建立规范化的房地产交易市场和发展社会化的房屋维修、管理市场，逐步实现住房资金投入产出的良性循环，促进房地产业和相关产业的发展。2016 年 7 月，安徽省住房和城乡建设厅出台了《安徽省住房和城乡建设事业发展"十三五"规划纲要》，提出实施城乡居住水平提高行动，健全住房供应体系、促进住房消费、大力推进棚户区和城市老旧小区改造、稳步扩大基本住房保障范围、加快推进公租房改革。据统计，经过多年的城镇住房制度改革，到 2018 年 12 月，安徽城镇常住居民人均住房建筑面积 41.2 平方米，比 1990 年增加 34.8 平方米。

马鞍山市推进城镇住房制度改革，开发一批高端商品房

四十四　"轻工大省"享誉全国

在安徽省工业体系中，轻工业占据着独特的地位，其产值、利税、利

润均位于省内工业前三位。20 世纪 80 年代，安徽省大力发展家电产业，美菱集团、扬子集团、荣事达集团等企业成为国内行业龙头。1994 年，安徽省的冰箱、洗衣机、空调产量已分别位居全国第一、第二、第三，获得"轻工大省"美誉。2002 年，安徽省有 17 种轻工产品产量在全国位居前 10 名。2004 年，安徽省轻工企业能生产 10 万多种产品，其中 80% 以上都直接面向消费者。"十五"期间，安徽省轻工业快速发展，企业规模与实力明显提高，产业竞争力不断增强，成为全国家电制造中心。2008 年，全省轻工业完成产值 2610 亿元，比上年增长 36.7%。全年生产冰箱 1131 万台，洗衣机 695 万台，空调 658 万台，白酒 29 万吨，啤酒 139 万吨，卷烟 125 万箱。2009 年，安徽省公布《安徽省轻工业调整和振兴规划》，扩大烟、酒、家电等产业优势，重点发展和加快构建烟酒、农产品加工、塑料加工、家电等 4 大产业基地，做大做强工艺美术及旅游产品业、皮革制品业、造纸业、印刷业、家具及竹

美菱集团（今长虹美菱）参加首届中国（合肥）国际家用电器博览会

藤棕草制品业、玻璃和陶瓷制品及照明、日化产业等七大优势特色产业。

2012 年以来，安徽省以"智能化"赋能提升家电创新体系，大力发展家电产业，努力打造世界级家电产业基地。安徽家电已成为江淮大地最具优势产业、最靓经济名片、最强发展引擎。中国（合肥）国际家用电器博览会也成为国内规模最大、号召力最强、影响力最广的综合性家电展之一。2018年，全省家电"四大件"产量连续两年突破亿台，占全国 18.3%，居全国第二位。家电产业实现主营收入 1787.2 亿元、同比增长 11.1%。产业配套更完善，全省家电已形成"13+1000"的"龙头 + 配套"产业格局，"13"即海尔、美的、格力、长虹美菱、TCL、扬子、博西华、惠而浦、荣事达、康佳、奥克斯、创维、尊贵 13 家龙头企业，"1000"即上千家配套企业。合肥、滁州、芜湖三市的产业基地已成为全球重要的家电制造中心，拥有家电从业人员 50 多万人，科技研发人才 2 万余人。全省家电品牌集中度居全国第一，集合了全国大多数知名品牌，拥有合肥、滁州 2 个家电国家级新型工业化示范基地，拥有国家家电产品质量监督检验（合肥）中心、中国家电研究院滁州分院等国家级平台，拥有 4 家国家级企业技术中心、21 家省级企业技术中心。截至 2018 年 12 月，全省四大家电产量已突破 1 亿台，占全国的 1/4，全国每 3 台冰箱、每 4 台洗衣机、每 5 台空调就有 1 台是"安徽制造"的，并加速向智能化、定制化、个性化方向发展。

四十五 "碧水蓝天工程"计划

1979 年 9 月，第五届全国人大第十一次常委会通过了《中华人民共和国环境保护法（试行）》，明确环境保护对象和任务，确定基本方针和"谁污染、谁治理"的政策，环境保护走上了法治的道路。安徽省认真落实环境保护法，环境保护工作从污染防治向生态建设拓展，从工业污染防治向生活污染和农业面源污染延伸，从污染末端治理向全过程监管转变，从主要依靠行政手段向综合利用法律、经济、技术和行政手段转变。

安徽省加强环境保护，涌现了一些在全国具有一定影响的环保亮点。马鞍山市成为中部地区和全国钢铁工业城市中第一个国家环保模范城市，绩溪县成为全国第一个农村小康环保行动计划试点县，颍上县小张庄村被联合国环境规划署评为环境保护"全球500佳"等。1995年3月，省环保局独立设置暨全省环保工作会议召开，提出以保护饮用水源与大气环境为目的，以防治淮河、巢湖水质污染和综合整治省辖市环境为重点，包括重点污染源治理、城市污水处理厂建设、城市烟尘控制区建设、生态农村建设、产业结构调整和发展环保产业等工作内容。同年11月，安徽省下发《关于做好关闭淮河流域严重污染生产线和企业有关要求的通知》，关闭污染企业146家。2006年，安徽省制定巢湖、淮河流域水污染防治规划。2007年，安徽省下发《关于做好造纸、酒精、味精、柠檬酸行业淘汰落后生产能力工作的通知》，涉及企业35家。2008年，安徽省开展新安江流域生态补偿问题研究。2010年，

合肥污水处理厂

安徽省开展大气污染防治联防联治。

2017 年，安徽省政府办公厅印发《安徽省 2017 年蓝天行动实施方案》，提出开展十大专项行动：工业污染源全面达标及升级改造专项行动；重点行业挥发性有机物整治专项行动；燃煤小锅炉淘汰专项督查行动；工业堆场及矿山扬尘污染整治专项行动；施工和混凝土（含沥青）搅拌扬尘污染防治专项行动；加油站、储油库、油罐车油气回收治理专项督查行动；车用油品升级和机动车排放标准专项督查行动；机动车（船）、港口、码头污染防治专项行动；农业面源大气污染防治专项行动；餐饮油烟整治、烟花爆竹禁限放专项行动。同年 9 月，宣城市、金寨县、绩溪县被环保部命名为第一批国家生态文明建设示范市县，旌德县被环保部命名为第一批"绿水青山就是金山银山"实践创新基地。

四十六　实施"科教兴皖"战略

1996 年 1 月 12 日，中共安徽省委、安徽省人民政府印发《关于贯彻〈中共中央、国务院关于加速科学技术进步的决定〉的实施意见》（以下简称《意见》），推动实施科教兴皖战略。

《意见》确立实施科教兴皖战略的主要目标，提出到 2000 年，初步建立适应社会主义市场经济体制和科技自身发展规律的科技体制，全面完成"三个百亿元工程"和八项科技工程的各项任务，为我省实现"九五"奋斗目标提供技术保障和人才保证；科技进步在经济增长中的贡献率提高到 45％以上，科技综合实力达到全国中上等水平。到 2010 年，使基本建立的新型科技体制更加巩固和完善，实现科技与经济的有机结合，科技进步在经济增长中的贡献率提高到 55％以上，一些新兴产业的生产技术达到国际先进水平，基本实现经济增长方式从粗放型向集约型的转变。提出要依靠科技进步发展农业和乡镇企业，全面振兴农村经济；加快工业企业的科技进步，提高经济增长的质量和效益；加快高新技术产业化；重视基础性研究，培养跨世纪学术和技术带头人；推动社会发展领域的科技进步，实现经济和社会的持续、协调发展；进一步深化科技体制改革，继续推动科技进入经济建设主战场；抓住机遇，扩大开放，进一步开展国际科技合作与交流；多渠道、多层次地增加科技投入；切实加强对科技工作的领导，为科技进步创造良好的条件等主要任务和保障措施。

实施科教兴皖战略取得重大成果。到 2017 年，安徽全省高校共有省部级以上科研平台 401 个，在 20 所高校建立了 32 个省级协同创新中心，10 所高校建立了 12 个产业共性技术研究院。仅 2009 年以来，全省高校共获得国家科学技术奖 59 项，获得省部级科学技术奖 1534 项，占据全省获奖总数的"半壁江山"；获专利授权 25518 项，其中，发明专利 7728 项；转化科技成果签订的技术转让合同 8183 项，经费总收入 13.3 亿元，转让合同数连续多年居全国前列、中部第一。2017 年，全省科技研发经费占 GDP 的比重达 2.09%，居全国第 9 位；拥有科研机构 6018 个，拥有研发人员 22.8 万人；皖籍院士 124 人，居全国第 7 位，在皖"两院"院士 32 人，建成院士工作站 209 家，柔性引进院士 235 人次，高水平科研成果显著增加。1996 年以来，全省共有 163 项科技成果获得国家科学技术奖励，其中科技进步特等奖 2 项，一等奖 11 项。2012—2017 年高新技术产业增加值年均增长 14.8%、比规模以上工业高 3.6 个百分点，对规模以上工业增长的贡献率由 2011 年的 34.4% 提高到 2017 年的 63.5%。

四十七　建设美丽科学岛

　　科学岛是中国科学院合肥物质科学研究院（简称"合肥研究院"）的别称，是中国科学院在安徽省合肥市设立的综合性重点科研基地和人才培养基地。科学岛位于合肥市西郊风景秀丽的蜀山湖畔，岛上三面环水，绿树成荫，面积 2.65 平方公里。2017 年 3 月 28 日，科学岛被国家旅游局、中国科学院推选为"首批中国十大科技旅游基地"。

合肥科学岛

　　合肥研究院拥有安徽光学精密机械研究所、等离子体物理研究所、核能安全技术研究所、健康与医学技术研究所、固体物理研究所、智能机械研究所、强磁场科学中心等研究机构。另外，中国科学院还和安徽省共建了安徽循环经济技术工程院。中国科学院在合肥研究院部署的主要学科有等离子体物理、磁约束核聚变、强磁场科学与技术、大气环境光学遥感、激光与光电子科学技术、转化医学、智慧农业技术等。已建成并运行了两个国家大科学装置,分别为:全超导托卡马克核聚变实验装置、稳态强磁场实验装置。

合肥研究院现有在职职工 2700 余名,设有 5 个博士后流动站、19 个博士点和 21 个硕士点,在学研究生约 3100 名。

全超导托卡马克实验装置

四十八　安徽实现"村村通"

通电、通电话、通公路、通广播电视是农村群众的多年期盼。在全省各级党委政府的领导下,经过全省人民的共同努力,"四通"问题基本解决。1994 年 1 月,安徽省最后两个"无电乡"——无为县黑沙洲乡和石台县七井乡实现通电,全省实现乡乡通电。2006 年 11 月,安徽省最后一个没通电话的行政村——休宁县横塘村开通程控电话,标志着 2004 年 8 月正式启动的全省行政村"村村通电话"工程全面完成,全省全面实现村村通电话。

2005 年，安徽省人民政府出台《关于加快农村公路建设的决定》，提出到 2005 年实现乡乡通等级油路。同时，开展"村村通油路 (水泥路)"试点，加快扶贫开发工作重点县公路、国家商品粮基地公路和旅游公路建设。2006 年，全面启动"村村通油路 (水泥路)"建设。到 2012 年，农村公路"村村通"提前完成，新改建农村公路 7.3 万公里，农村公路里程达 13.6 万公里。全省设立乡镇快递服务网点 4140 个，实现乡镇全覆盖。2018 年，安徽省实施农村道路畅通工程建设计划，包括老村级道路加宽改造工程、撤并建制村路面硬化工程、贫困村中较大自然村道路硬化工程、31 个贫困县非建档立卡村通村硬化路工程四类建设项目。

1998 年，为解决广大农民群众听广播、看电视难的问题，安徽省启动

安徽农村公路实现"村村通"

广播电视"村村通"工程，第一轮工程至 2005 年结束。2006 年，继续实施广播电视"村村通"工程，按照"巩固成果、扩大范围、提高质量、改善服务"的要求，构建农村广播电视公共服务体系。2008 年 2 月 5 日，安徽省政府制定《关于深入实施民生工程的意见》，提出将实施广播电视"村村通"工程纳入新增实施的 6 项民生工程之中，到 2010 年年底，全面实现 20 户以上已通电的自然村全部通广播电视。

四十九　打造"中国声谷"

能听会说的教育陪伴机器人"阿尔法蛋"、能纠错评分的克洛斯威智能钢琴、会听话打字的鼠标、在家骑车就像"身临"旷野的 VR 眼镜……2017年 5 月，安徽省内首个人工智能演示厅在"中国声谷"体验中心正式开放。

合肥"中国声谷"产业园规划图

语音及人工智能产业是合肥市高新区重点发展的战略性新兴产业，这个被誉为"中国声谷"的产业基地占据了全球中文智能语音应用市场 80% 的份额，"安徽声音"正是从这里向世界散播的。

近年来，随着移动互联网时代的到来，智能语音技术已成为全球 IT 产业以及信息消费热点，智能语音交互应用正在成为移动互联网时代最重要的信息流入口。2012 年 8 月 1 日，工业和信息化部与安徽省人民政府签署了《共同推进安徽省语音产业发展合作备忘录》，正式建立了部省合作共同推进安徽省语音产业发展的工作机制。同年 12 月，工信部与安徽省在"部省共同推进安徽语音产业发展联席会议"中全面深入研究语音产业发展工作计划，并达成高度共识。2013 年 5 月，工信部召开语音产业发展座谈会，进一步明确智能语音产业发展方向，决定和安徽省共建中国国际智能语音产业园，打造智能语音产业聚集地。2013 年 12 月 23 日，中国国际智能语音产业园在安徽合肥揭牌成立。

中国声谷产业园位于安徽省合肥市高新区，近期规划用地 1 平方公里，远期规划 3 ~ 5 平方公里。计划 5 年内基本完成产业布局，孵化企业 500 家以上。该产业园依托科大讯飞先进的语音技术研发基础，按照"总体规划、分期实施、滚动发展"的原则，充分发挥"部省院市"合作机制的优势，逐渐形成政府主导、市场运作、社会参与的多元化投融资格局，完成产业化项目向语音产业园的聚集，完善语音产业链，形成产业化集中效应。"中国声谷"作为国家级产业基地，先后获得国家级众创空间（粒子空间）、国家新型工业化产业示范基地、国家小型微型企业创业创新示范基地等多项国家级荣誉。

2017 年 9 月 12 日，省政府印发《支持中国声谷建设若干政策的通知》，提出多项政策措施。12 月 21 日，省政府办公厅印发《中国（合肥）智能语音及人工智能产业基地（中国声谷）发展规划（2018—2025 年）》，着力打造全国语音产业发展示范区。12 月 11 日，科大讯飞获批建设中国首个认知智能国家重点实验室。2018 年 10 月 24 日，以"智汇世界·声动未来"为主题的首届世界声博会在合肥召开，吸引全球超过 7500 家智能语音及人工智能技术开发者参会，是全球首个以开发者为受众的人工智能全生态盛会。截至 2018 年 12 月，"中国声谷"入园企业已超过 100 家，跟进在谈项目超过 200 个。

"中国声谷"在国内外已经具备了较高的知名度与影响力，是全国拥有人工智能产业门类最全、企业技术创新活力最优、金融服务支持最活跃、优惠政策集成度最高的专项基地。中国声谷产业园的建设，创立了产学研用相结合的创新体系，对全球语音企业来合肥集聚发展有巨大吸引力，标志着安徽省语音产业由技术研发高地向全国语音产业发展高地的转变。未来，中国声谷产业园将致力于打造产业特色鲜明、产业集群优势突出、产业规模和影响居国际前列的产业园。

五十　汽车产业的"安徽智造"

奇瑞汽车股份有限公司成立于 1997 年 1 月 8 日，总部位于安徽省芜湖市，奇瑞汽车经营范围包括生产、销售汽车产品，生产、销售发动机等。奇瑞汽车以分段集成创新的模式创造汽车制造神话。奇瑞从 1 辆到 100 万辆，用了 93 个月，创下中国乃至世界汽车行业发展的神话，成为中国汽车工业令人瞩目的"黑马"。奇瑞汽车股份有限公司经过 20 多年的创新发展，现已成为国内最大的集汽车整车、动力总成和关键零部件的研发、试制、生产和销售为一体的自主品牌汽车制造企业，以及中国最大的乘用车出口企业。

安徽江淮汽车集团股份有限公司（简称"江淮汽车"），是一家集全系列商用车、乘用车及动力总成研产销和服务于一体，"先进节能汽车、新

奇瑞汽车装配车间

能源汽车、智能网联汽车"并举的综合型汽车企业集团。20 世纪 90 年代，江淮汽车探索转型发展路径，在专用客车底盘、轻卡项目的积淀基础上，将目光转向了乘用车市场。2002 年 3 月，第一台江淮瑞风商务车正式驶下生产线，瑞风品牌就此诞生，瑞风成功演绎了引进技术并国产化这样一个学习创新的过程，为自主品牌的发展找到了一条可供借鉴的路径。江淮汽车承担多项国家级、省级重点科技计划项目。2020 年 6 月 11 日，江淮汽车和德国大众汽车集团签署了《关于安徽江淮汽车集团控股有限公司的投资协议》，江淮汽车和德国大众汽车集团将向双方合营公司江淮大众进行增资，增资完成后，江淮汽车持有江淮大众 25% 的股权，德国大众汽车集团持有江淮大众 75% 股权。德国大众汽车集团承诺将授予合资公司基于其纯电动平台的4 至 5 个品牌产品。合资公司将逐渐扩大规模并力争在 2025 年生产 20 万辆至 25 万辆，2029 年达到年产量 35 万辆至 40 万辆。截至 2018 年 12 月，江淮汽车累计拥有授权专利 12333 件，其中发明专利授权 1750 件，成为国内首家专利过万的车企。

2020年6月11日，安徽江淮汽车集团与德国大众汽车集团签署
战略合作协议

安徽叉车集团的前身是合肥矿机厂新厂，始建于1958年。1971年扩建命名为合肥重型机械厂。1988年3月，成立合肥叉车总厂。1992年11月，成立安徽叉车集团。2005年7月，安徽合力牌叉车荣膺"中国叉车市场第一品牌"。2011年安徽叉车集团进入《福布斯》杂志评选的中国500强，

合力叉车

并位列机械行业第六十名，中国叉车行业第一名。2019年安徽叉车集团在线生产的2000多种型号、600多类工业车辆产品全部拥有自主知识产权，拥有各类专利1833项，牵头制定国家行业标准20个，参与制定国际行业标准31个。

蔚来是全球化的智能电动汽车品牌，于2014年11月成立。蔚来致力于通过提供高性能的智能电动汽车与极致用户体验，为用户创造愉悦的生活方式。2018年5月27日，首台蔚来量产车下线。2018年9月12日，蔚来汽车在美国纽交所成功上市。2019年，蔚来全年交付20565辆，同比上涨81.2%。2020年2月25日，蔚来中国总部项目落户合肥，合肥市政府

2020年7月18日，第5万台蔚来量产车在合肥先进制造基地下线

将通过指定的投资公司并联合市场化投资人对其进行投资。2020年，蔚来全年交付32624辆。2021年4月15日，中国石化分别与奥动新能源、蔚来汽车两家新能源企业签署战略合作协议，推动资源共享，促进互利共赢。

目前，江淮、奇瑞成为国产自主品牌汽车的典范。安徽全省汽车产量由1978年的约3000辆增长到2020年的116.1万辆。2019年，合力叉车销售收入14.4亿美元，位居全球第七。2019年，蔚来进入全球豪华汽车品牌创新榜，位居中国第一、世界第十。安徽省成为全国重要的自主品牌汽车产业基地。

五十一　农村税费改革试点

2000年，根据党中央、国务院的部署，安徽省在全省范围内开展农村税费改革试点。4月26日，中共安徽省委、安徽省人民政府发出《关于在

全省开展农村税费改革试点工作的通知》（以下简称《通知》）。《通知》确定农村税费改革的主要内容是"三个取消""一个逐步取消""两个调整"和"一项改革"。《安徽省农村税费改革试点方案》与《通知》一道下发。7月12日，安徽省政府办公厅发出《关于在农村税费改革试点过程中切实做好减轻农民负担工作的通知》。11月23日，安徽省委办公厅、省政府办公厅印发《关于进一步调整农村中小学布局的意见》《关于加快发展村级集体经济的意见》《安徽省农村未承包土地并从事工商等其他产业经营活动的农民缴纳村集体公益事业费管理暂行办法》《关于解决土地抛荒问题的意见》《关于建立农民负担监督体系的意见》等5个配套文件。安徽省农村税费改革试点工作取得初步成效。一是较大幅度地减轻了农民负担，基本遏制了农村"三乱"现象。改革当年，全省农业两税及附加37.61亿元，减少16.9亿元（含屠宰税），减幅达31%；农民人均现金负担75.5元，减少33.9元；农民"两工"人均负担20个，减少9个；取消各种收费、集资、政府性基金和达标项目50种，基本堵住了农民称之为"无底洞"的"三乱"现象。二是初步规范了农村分配关系，促进了乡镇财税征管体制改革。三是扩大了

2001年2月17日，全国农村税费改革试点工作会议在安徽召开

村民自治的范围，促进了农村基层民主政治建设。四是推动了农村各项配套改革，促进了农村基层政权的职能转变。五是改善了党群干群关系，维护了农村社会政治稳定。

2001 年 2 月 17—19 日，全国农村税费改革试点工作会议在安徽召开。4 月 25 日，安徽省委、省政府发出《关于做好 2001 年全省农村税费改革工作的意见》。9 月 10 日，安徽省委办公厅、省政府办公厅印发《关于防止乡村两级发生新的不良债务的意见》《关于抓紧开展农村中小学危房改造的意见》《关于实施〈安徽省农村特殊保障对象保障经费管理暂行规定〉的有关意见》《关于停止向农民收取涉农债务后有关债务的处理意见》《关于进一步加强农业两税附加和财政对村级补助资金管理的意见》等配套文件。

通过不懈努力，安徽省农村税费改革取得良好成效。全省农村人均政策性负担为 68.4 元，比改革前减少 41 元，减幅达 37.5%。经过 3 年多努力，全省基本实现农村税费改革试点的预期目标。2005 年安徽省提前全国一年免除农业税。2006 年全国全面废止农业税征收，结束了 2600 多年对农业征收"皇粮国税"的历史。

五十二　协调发展振兴皖北

"走千走万，不如淮河两岸"，淮河两岸及皖北平原一直是安徽省最大的粮仓，曾是我国历史上最富庶繁荣地区。然而，自 20 世纪 90 年代以来，由于淮河水患等自然灾害和其他多种复杂因素影响，皖北地区经济发展相对滞后，皖北地区集中了全省 53% 的贫困人口、55.6% 的深度贫困县、45.6% 的深度贫困村，成为我省脱贫攻坚的主战场之一。

皖北地区国土面积 5.3 万平方公里，常住人口 2956 万人，分别占全省的 37.8% 和 48.4%，是安徽省区域发展的重要板块。为支持皖北地区加快发展，安徽省先后出台了一系列扶持政策和帮扶措施。2001年10月12日，中共安徽省委、省人民政府印发《关于进一步加快皖北地区经济发展的若干意见》。提出皖北地区（阜阳、淮南、蚌埠、淮北、宿州、亳州6市）"十五"发展的主要目标是国内生产总值增长速度达到全省平均水平；产业结构优化升级，到2005年第二产业和第三产业增加值的比重显著增加，初步形成具有竞争优势的主导产业和特色产业；人口增长得到严格控制；城乡居民收入增幅高于"九五"时期，与全省平均水平的差距明显缩小。2008年，安徽省出台了《关于加快皖北和沿淮部分市县发展的若干政策意见》。2011年，

宿州市在皖北振兴中，大力发展文化旅游产业

在安徽省十一届人大四次会议上，省政府工作报告提出把加快皖北振兴作为推动区域协调发展的战略重点，首次将"皖北振兴"纳入全省发展战略规划。2013年12月，省政府办公厅印发《关于建设皖北"四化"协调发展先行区的意见》，部署实施10项重点工程，加快6项改革创新，加速推进皖北地区工业化、信息化、城镇化和农业现代化。2014年11月，省委、省政府印发《关于促进皖北地区又好又快发展的若干意见》，指出要进一步加大10个方面的支持力度，推动皖北地区又好又快发展。2016年，在省十二届人大六次会议上，省政府工作报告提出加快皖北崛起进程。

2020年9月24日，国家发改委印发《促进皖北承接产业转移集聚区建设的若干政策措施》，从完善重大政策、落实重大举措、建设重大平台3个方面提出24项政策举措，支持皖北承接产业转移集聚区建设。12月19日，省委办公厅、省政府办公厅印发《皖北承接产业转移集聚区建设实施方案》《落实国家促进皖北承接产业转移集聚区建设若干政策措施任务分工方案》，在省级层面成立加快皖北地区发展领导小组，以集聚区建设为突破口，启动"6+2+N"产业承接平台体系建设，力争将集聚区打造成为长三角高质量承接产业转移优选地、中西部地区产业集聚发展样板区、淮河生态经济带产城融合发展先导区、重要的能源和绿色农产品生产加工供应及先进制造业基地。

加快皖北地区振兴，是统筹区域发展、加速安徽崛起的一个重大战略支撑。2020年以来，皖北地区以5个"战略区块链接"为牵引，聚焦增强高质量发展动能，探索合作新路径、拓展合作新空间、推广合作新模式，大力开展"双招双引"，全方位对接沪苏浙，省际毗邻地区新型功能区、省际产业合作园区、城区对口合作、城市结对共建等取得积极进展。2020年，皖北承接产业转移集聚区亿元以上在建省外投资项目1077个，同比增长15.93%；实际到位资金2637.99亿元，同比增长11.02%，均实现两位数增长。

五十三　探索文明创建新模式

改革开放 40 多年来，安徽省始终把提高居民文明素质和社会文明程度作为安徽省城乡文化的总目标和总抓手，强化居民人格塑造，注重培育城市精神。自"中国好人榜"于 2007 年 9 月开展首届评选表彰活动以来，到 2018 年 12 月安徽省上榜"中国好人榜"总数达 1272 人，19 人获评全国道德模范，连续 11 年位居"中国好人榜"和道德模范总数全国第一，形成"中国好人安徽多"现象。

为加强城市文明创建工作，安徽省将全国文明城市创建列入文化强省战略之中，在全国率先出台《安徽省文明城市创建行动纲领》，文明创建从"一枝独放"到"满园芬芳"。2009 年，马鞍山首获"全国文明城市"殊荣，成为中部地区第一个获此殊荣的城市。2015 年，合肥、铜陵、芜湖荣膺第

马鞍山市召开创建全国文明城市工作总结表彰暨再动员大会

四届全国文明城市，数量并列全国第一，安徽省全国文明城市总数达 4 个，在全国排名由第 15 名跃居第 5 名，进入全国第一方阵。2017 年，淮北、蚌埠、宣城、安庆入选第五届全国文明城市，当涂县、天长市、巢湖市被评为首届全国县级文明城市，安徽省新入选全国文明城市数位居全国第一，创历史最好成绩。2020 年 11 月，滁州、黄山、宿州、阜阳和金寨县、广德市、宁国市、歙县、桐城市等 9 市（县）新入选全国文明城市。到 2020 年，安徽全省有 12 个省辖市跻身全国文明城市行列，总数位居全国第二；县级全国文明城市历届总数位居全国第三。2021 年 1 月，中央文明办确定 2021—2023 年创建周期全国文明城市提名城市名单，安徽省的亳州、池州、淮南、六安等 4 市和肥东县、肥西县、霍山县、郎溪县、蒙城县、明光市、南陵县、潜山市、青阳县、泗县、五河县、休宁县、颍上县等 13 个县（市）入选。

安徽全省积极推进诚信建设和志愿服务制度化，持续开展志愿服务"月评最佳"和年度"四个十佳"评选活动，建成开放 1230 个星级社区志愿服务广场，志愿服务 180 多万人次，志愿服务风尚初步形成。安徽省于 2014 年建成全国首家省级好人馆；2017 年全省 16 个市级好人馆全部建成开放；筹建了安徽道德建设基金会，累计发放道德信贷突破 11 亿余元；编辑出版全国首套好人志书——《安徽好人志》；推出 102 部以身边好人为原型的广播剧、微电影和微戏剧作品；安徽好人馆基层巡演巡展巡讲 40 场次；《安徽好人在身边》专栏在安徽卫视新闻栏目定期播出。全省将"信用工程"纳入"861"行动计划，出台《"信用安徽"建设实施方案》等一系列促进信用建设政策，启动合肥、芜湖、淮北、安庆等市全国综合信用建设城市试点，开展信用长三角区域合作，信用市场逐步发育，城市率先进入信用经济时代，文明安徽形象得到全面提升。

第三章
安徽全面建设小康社会之路
（2002—2012）

五十四　"861"行动计划

2004年5月25日，安徽省人民政府印发《关于全面实施"861"行动计划的通知》，即建设八大重点产业基地，构筑六大基础工程，实现2007年全省人均生产总值1000美元以上的目标。"861"行动计划是一个动态管理、分步实施、逐年推进的战略构想，它的理念和内容都在与时俱进。2005年，"861"中的"1"提前实现。省委、省政府也适时作出决定，继续实施并全面提升"861"行动计划，同时对"861"中"1"的内涵调整为2010年全省生产总值超过1万亿元。"861"行动计划总体要求是：以科学发展观为指导，以工业化为核心，以规划为龙头，以项目为支撑，举全省之力，建设一批大项目、大企业、大工程，为推动产业结构升级、增强经济综合竞争力、促进经济社会协调发展、加快全面建设小康社会的进程奠定坚实基础。

2005年3月6日，安徽省政府印发《关于继续深入推进"861"行动计划的通知》。提出要以科学发展观统领项目建设，建立健全项目推进机制；全面加快项目建设进度，促进产业结构优化升级；继续加大招商引资力度，着力解决资金制约问题；健全和强化项目建设责任制、绩效考核机制。2006年5月7日，省政府印发《关于大力推进着力提升"861"行动计划有关工作的通知》。要求以科学发展观为指导，全面提升"861"行动计划；强力推进工业强省战略，进一步优化项目结构；进一步扩大对外开放，积极拓展融资渠道；建立健全工作机制，进一步优化发展环境。2007年6月16日，安徽省人民政府印发《关于深入推进"861"行动计划有关工作的通知》。要求各地、各部门切实提升"861"行动计划，努力培育新的增长点，在继续推进基础设施、基础产业发展的同时，结合"十一五"规划的实施，以大企业、大项目为牵引，提升传统产业，壮大新兴产业；集中力量，大力培育以汽车、船舶、工程机械为重点的装备制造业，以石化、煤化、盐化和精细化工为重点的化工产业，以及生物质产业和现代物流业等新兴支柱产业；抓住机遇，整合提升钢铁、水泥、煤炭、电力等优势主导产业，改造和重振轻纺产业；选准目标，培育电子信息、生物工程、现代中药、新材料和新能源高新技术产业；力争到"十一五"末，在装备制造、化工、能源、建材、家电等领域形成一批销售收入上百亿元的骨干企业和若干销售收入达千亿元规模的产业或产业集群。2009 年 2 月 24 日，全省"861"行动计划暨铁路建设工作会议在合肥举行。

全面实施"861"行动计划是安徽省全面建设小康社会起步阶段的重点任务和行动纲领。截至 2009 年 8 月，新开工项目 746 个，建成或基本建成项目 461 个，累计完成投资 5151 亿元，约占同期全省城镇固定资产投资的 42%。在"861"行动计划的带动下，全省固定资产投资规模明显扩大，连续 4 年保持 30% 以上的增速，累计完成固定资产投资 1.45 万亿元，相当于此前 24 年间投资额的 1.7 倍。

五十五　新农合的"安徽试点"

长期以来，看病难看病贵一直是农村居民生活中的一大难题，往往一个家庭的正常生活因为一个人生病而被拖垮，全家生活也会陷入贫困。新型农村合作医疗制度是由政府组织、引导、支持，农民自愿参加，个人、集体和政府多方筹资，以大病统筹为主的农民医疗互助共济制度。2003 年 5 月，安徽省人民政府办公厅转发安徽省卫生厅、安徽省财政厅、安徽省农业委员会《关于建立新型农村合作医疗制度的意见》（以下简称《意见》）。《意见》提出 2003 年在全省范围内选择 8~10 个县（市）先行试点，取得经验后逐步推广；到 2007 年，合作医疗覆盖 50% 的农村居民；到 2010 年，基本覆盖全体农村居民。《意见》要求，农村合作医疗基金是由农民自愿缴纳、集体扶持、政府资助的民办公助社会性资金，要按照以收定支、收支平衡和公开、公平、公正的原则进行管理，必须专款专用，专户存储，不得挤占挪用。2005 年 11 月 11 日，安徽省政府办公厅印发《关于完善和发展新型农村合作医疗试点工作的意见》，要求在总结 2003 年下半年以来试点经验的基础上，加快建设步伐。2006 年试点县（市、区）达到 40%，2007 年试点县（市、区）达到 60%，到 2008 年在全省农村基本建立新型农村合作医疗制度，确保 2010 年实现基本覆盖农村居民的总体目标。2006 年 11 月 21 日，安徽省新增新型农村合作医疗试点启动工作会议召开。全省将新增 26 个新型农村合作医疗试点县（市、区），将有 56 个县的 3017.56 万人享受新型农村合作医疗，占农业人口的 64%。没有开展试点的县（市、区）将在 2008 年全部开展试点。

2010 年，新农合全面实现省内异地即时结算。2017 年，安徽省新农合全面实现跨省即时结算。2017 年 1 月至 9 月底，安徽省新农合共有 2.6 万人

安庆市大观区新农合医疗队送医送药到山区

次实现跨省异地即时结算，总医药费用 3.07 亿元、补偿金额 1.42 亿元，实际补偿比 46.25%。2017 年，安徽省建立"三保障一兜底一补充"（"351+180"）综合医保体系，成立了 22 个省级大病分类救治专家指导组，确定 131 家定点救治医院，分类救治减存量，为所有贫困人口提供家庭医生签约服务。2018 年，安徽省在铜陵市试点建设紧密型城市医联体，探索健全分级诊疗秩序，促进医防融合发展。县乡之间分级诊疗和双向转诊机制初见成效，县外住院人次同比下降 4.88 个百分点，新农合省外转诊减少 8%，同比减少基金支出 12%。安徽省创新的建立天长"县域医共体模式"，被国家确定为四种分级诊疗模式向全国推广。定远的"家庭医生签约服务模式"，为国家推广的五种家庭医生签约服务模式之一。截至 2017 年 12 月，新型农村合作医疗参合人数 4653.7 万人、参合率达 103.1%，安徽省实现县域医共体全覆盖。

五十六　合肥国家科技创新型试点市揭牌

2004 年 11 月 27 日，合肥国家科技创新型试点市正式揭牌，拟投资 140 多亿元的中国（合肥）科学城示范区建设同时开工。这标志着合肥作为全国第一个国家级科技创新型试点市建设工作全面启动。它的总体布局由创新核心区、创新发展区、创新辐射区组成，其中创新核心区包括合肥物质科学研究院、中国科学技术大学、中国人民解放军电子工程学院、中国电子科技集团公司第三十八所、合肥高新技术产业开发区等区域。合肥国家科技创新型试点市建设目标是：到 2010 年基本建成区域科技创新体系和科技创新示范区，企业自主创新能力、城市科技创新能力和吸纳国内外科技资源能力显著提升，成为全国最具有科技创新活力的区域之一和高新技术产业化基地；到 2020 年建成国际重要、国内一流的技术创新中心、知识创新中心、高层次人才聚集中心和创新型示范基地，成为国家科技创新型城市和国际著名的科学城。

合肥市是全国四大科教基地之一，拥有中国科学技术大学、合肥工业大学、安徽大学等 60 多所各类高校和 190 多个各类科研单位、33 个省部级重点实验室。为了合肥国家科技创新型试点市的建设，合肥市专门成立了科技创新型试点市建设顾问委员会，聘请一批国内外知名专家，对合肥科技创新试点市城市发展战略及中长期规划等重大决策进行咨询和论证。到 2018 年年底，合肥已经建设中国科技大学先进技术研究院、清华大学合肥公共安全研究院、合肥工业大学智能制造技术研究院、中科院合肥技术创新工程院、北大未名生物经济研究院、中国农科院合肥安全食品研究院等，建立集成电路等多个产业技术创新战略联盟，建成科技创业苗圃、5F 创咖等 20 家众创空间，培育了工业设计、检验检测、信息技术、科技成果转化、数字内容等新型业态。

合肥国家科技创新型试点市建设，是建设创新型国家的一个重要战略部署，是省委、省政府立足合肥市科教资源和产业发展比较优势，着眼于加快发展、奋力崛起大局作出的一项战略决策。推进合肥市跨越式发展，必须大胆探索，创新思路，创造性地推进试点市建设，探索出一条依靠科技创新推动经济发展和增长方式转变的创新发展之路。

五十七　教育均衡发展的"铜陵经验"

安徽省是义务教育均衡发展的首倡者和先行区，"铜陵经验"曾在全国推广。1987 年，铜陵市取消了小学及初中重点学校，同时也取消了初中升学考试，在小学和初中实行"划片招生，就近入学"政策。1992 年，铜陵市就市一中初中招生问题出台文件，明确禁止"挂户"等行为。1995年，为了解决市民反映比较强烈的择校问题，铜陵市对全市教育布局进行了整体规划，优化教育资源配置，重点扶持、改造和建设薄弱学校。从1996年起，铜陵市教委陆续从市区中学及教委机关调骨干到周边薄弱学校任职。

2004年，为破解"择校热"的难题，促进教育公平，提升教育质量，铜陵市在全国率先提出义务教育均衡发展，通过优化布局调整、均衡资源配置、校长教师交流轮岗，创造了义务教育均衡发展的"铜陵经验"，被教育部向全国推广。2005年12月1日，《南方周末》对铜陵市义务教育均衡发展又做了报道。铜陵市均衡教育发展的做法，一是调整布局、整合资源。根据社会经济发展变化以及区划调整和城市改造，铜陵市适时对学校进行重新布局和调整，关停撤并了规模小、低效质差的13所学校，在生源集中的学区新建和改建扩建了22所中小学。二是取消重点学校，均衡配置。铜陵市取消了重点初中，加大力度改善义务教育薄弱学校的办学条件，使所有学校硬件配置上基本达到均衡。三是加强内涵，提升质量。铜陵市从校长配备、充实"名师迁移"等方面采取措施，求得均衡。四是依法治教，规范办学。

2011年5月，安徽省出台了《义务教育均衡发展状况监测实施方案（试行）》等规范性文件，要求各级教育部门负责本地区义务教育均衡发展的具体规划、组织实施和日常管理。截至2017年12月，安徽省已有94个县（市、区）通过了义务教育发展基本均衡县国家认定，通过率近90%，成为中西部第一个实现义务教育发展基本均衡县全覆盖省份。

铜陵市举办均衡教育数据填报培训班

五十八 从经济圈到都市圈

2008 年 5 月 28 日，安徽省政府印发《安徽省会经济圈发展规划纲要（2007—2015 年）》。规划范围包括合肥市、六安市、巢湖市。发展目标是努力把省会经济圈建设成国内优势明显的先进制造业基地、科技创新及高新技术产业化基地、生态型旅游度假基地和现代农业基地。2009 年 8 月 21 日，安徽省委、省政府印发《关于加快合肥经济圈建设的若干意见》。8 月 24 日，安徽省委、省政府召开加快合肥经济圈建设座谈会。2014 年 8 月，安徽省组织编制《合肥经济圈城镇体系规划（2013—2030）》，提出构筑"一核三心、五带多极"的经济圈空间布局。2016 年 4 月 10 日，合肥都市圈城市党政领导第七次会商会在合肥市召开。会议的主题为"创新 转型 共享——共同推进合肥都市圈战略升级"。这是合肥经济圈升级为合肥都市圈后召开的首次会商会，提出要将合肥都市圈打造成全国重要的区域增长极。

2016 年 4 月，省政府发布《安徽省国民经济和社会发展第十三个五年规划纲要》（以下简称《规划》），提出要加速合肥经济圈一体化，引领推动合肥经济圈向合肥都市圈战略升级。合肥都市圈位于长江中下游沿江长三角西端，包括合肥市、淮南市、六安市、滁州市、芜湖市、马鞍山市、蚌埠市、桐城市（县级市），合肥都市圈国土面积占全省的 45.4%，人口占全省的 50.1%。《规划》提出到 2020 年，合肥都市圈总人口约为 1500 万人，其中合肥 800 万人，芜湖 420 万人，马鞍山 280 万人。城镇人口约为 1300 万人，城镇化水平 80%~85%。2030 年，合肥都市圈总人口约为 1800 万人，城镇人口约为 1700 万人，城市化水平 90%~95%。城市化率、人均收入达到长三角平均水平。产业上以合肥市为中心，打造合滁宁、合芜马、合淮、合六、合铜宜产业发展带，推动创新链和产业链融合发展，逐步建立和完善产业链

安徽省合肥都市圈示意图

合作体系，推动圈内城市合作，构建高水平、多功能、国际化的对外开放平台，建设具有较强影响力的国际化都市圈。未来，合肥都市圈将形成"一区、五轴、三带、多组团"的城镇空间布局结构体系，远景由点—轴模式向网络化模式发展。2019年，合肥都市圈实现生产总值23402亿元，占全省比重超过六成。2020年，合肥都市圈实现生产总值24499.9亿元、财政收入3490亿元、社会消费品零售总额11120.7亿元，分别占全省63.3%、61.4%和60.7%，全省发展核心增长极作用进一步彰显。其中，合肥市地区生产总值突破万亿元，达到10045.72亿元，实现财政收入1432.7亿元、社会消费品零售总额4513.8亿元，约占都市圈41%。

五十九　农村综合改革试点

2005年6月27日，安徽省委办公厅、省政府办公厅印发《关于开展农村综合改革试点建立农村基层工作新机制的意见》。提出从2005年起，安徽省农村税费改革的重点转向以深化三项改革（乡镇机构、农村义务教育和县乡财政体制）、建立农村基层工作新机制为主要内容的农村综合改革。省委、省政府决定，在每个市选择1个县（市、区）先行开展农村综合改革试点。试点工作的主要内容是"一个转变、三个建立、一个改进"，即转变乡镇政府职能；建立农村基层管理新体制、建立农村公共产品供给新机制、建立"三农"社会化服务新体系；改进农村工作考核评价办法。同年 8 月 23 日，全省农村综合改革工作会议在芜湖市召开，部署在全省开展试点工作，决定在 18 个县（市、区）先行开展农村综合改革试点。2007 年 3 月 4 日，省委、省政府印发《关于全面推进农村综合改革试点的意见》，提出切实转变乡镇政府职能、进一步深化乡镇机构改革、深化农村义务教育管理体制改革、完善县乡财政管理体制改革、建立健全农村基本公共服务体系等改革措施。

2008 年，安徽在全国又率先以村为单位开展农村承包地确权登记颁证试点。2014 年安徽被确定为全国首批 3 个整省推进试点省之一，2016 年年底提前一年完成试点任务。近年来，安徽积极开展农村土地"三权分置"，截至 2017 年年底，全省耕地流转面积 3636 万亩，流转率 45.1%，金寨等 10 个全国农村土地经营权抵押贷款试点县（区），发放抵押贷款余额 8.34 亿元，把农民的"红本子"变成了"活资产"。

界首市召开国家级农村综合改革标准化试点工作推进会

六十　社会主义新农村建设

2006年3月7日，中共安徽省委、省人民政府印发《关于贯彻〈中共中央、国务院关于推进社会主义新农村建设的若干意见〉的实施意见》。提出坚持以科学发展观为指导，扎实推进社会主义新农村建设；统筹城乡经济社会发展；推进现代农业建设；千方百计增加农民收入；加强基础设施建设和人居环境治理；大力发展农村社会事业；全面推进农村综合改革；加强农村基层党组织建设和民主法治建设；加强领导、分类指导、广泛动员、精心组织等9个方面的内容。安徽省委办公厅、省政府办公厅印发《关于新农村建设"千村百镇示范工程"实施意见》，决定在全省选择1000个左右的村和100个左右的镇开展试点示范。2007年2月16日，安徽省委、省政府印发《关于贯彻〈中共中央、国务院关于积极发展现代农业扎实推进社会主义新农村建设的若干意见〉的实施意见》，提出用现代科学技术改造农业，加快农业科技创新；推广资源节约型农业技术；推进农村信息化建设。用多元化投入机制保障农业，大力增加财政支农投入；探索建立农业保险制度；扩大信贷支农投入。用现代产业体系提升农业，促进粮食稳定发展；做大做强农产品加工业；发展健康养殖业；大力发展特色农业；积极发展生态农业；推进生物质产业发展。用现代经营形式推进农业，提升农业产业化经营水平；发展农民专业合作组织；完善农村现代流通网络；加强农产品质量安全监督。用现代物质条件装备农业，加快农业机械化进程；加强农村水利建设；切实提高耕地质量；加强乡村基础设施建设；做好耕地保护和土地开发整理工作。用培育新型农民发展农业，加强农民教育培训和权益保护；加快发展农村社会事业。加强党对农村工作的领导等方面内容。

2012年9月13—14日，全省美好乡村建设动员大会在芜湖市召开，提出要围绕"生态宜居村庄美、兴业富民生活美、文明和谐乡风美"的建设目标，大力培育中心村、整治自然村、提升特色村，到 2020 年，力争全省 80% 以上的中心村达到美好乡村建设要求。2013 年 11 月 1 日，省委、省政府召开美好乡村建设

社会主义新农村建设促进乡村生态文明发展

推进会，部署以"三线三边"（铁路沿线、公路沿线、江河沿线及城市周边、省际周边、景区周边）为突破口，开展城乡环境综合治理行动。

　　小康不小康，关键看老乡。建设小康社会必须加强"三农"工作，积极发展现代农业，统筹城乡经济社会发展，实行工业反哺农业、城市支持农村和"多予少取放活"的方针，巩固、完善、加强支农惠农政策，切实加大农业投入，积极推进现代农业建设，强化农村公共服务，深化农村综合改革，扎实推进社会主义新农村建设，促进粮食稳定发展、农民持续增收、农村更加和谐，确保新农村建设取得新的进展，巩固和发展农业农村的好形势。

六十一　建设工业强省

新中国成立以来，作为传统农业大省的安徽，在抓好农业发展的同时，注重发展工业，尤其是轻工业。全省结合不同发展时期中心工作，抓住科学技术、产业升级"窗口期"，适应每个阶段先进生产力，形成一批"时代代表作"，支撑经济转型升级、发展壮大。安徽工业经历了六个发展阶段：20世纪50年代，马钢、铜陵有色兴建，筑起工业"铜墙铁壁"；60年代，"两淮"煤矿开发，成就"华东动力之乡"美名；70年代，安庆石化、海螺水泥投产，结束了安徽省没有石油化工历史，赢得"亚洲水泥看海螺"口碑；80年代美菱、荣事达、芳草等品牌誉满全国，成为轻工大省；90年代，奇瑞汽车、江淮汽车迅速发展，成为中国汽车工业自主创新的典范；2000年以来，以科大讯飞、京东方、维信诺、蔚来等为代表的人工智能高新技术企业异军突起，为"安徽制造"增添新名片。

2007年8月16日，全省工业强省大会召开。会议动员全省上下统一思想，坚定信心，乘势而上，大力推进工业强省战略，坚持走新型工业化道路，奋力加快资源大省向新型工业强省的跨越，努力保持安徽又好又快的发展势头。会上公布了《安徽省工业经济"十一五"发展规划纲要》，确定了安徽省"工业强省"的具体目标。

2007年9月29日，省委、省政府作出《关于工业强省的决定》，确定安徽省工业强省的主要目标任务是：在今后10至15年时间里，力争全省工业增长速度高于全国平均水平，接近并逐步达到全国工业化平均水平；力争工业技术装备高于全国平均水平；力争单位资源消耗特别是单位能耗低于全国平均水平。到2010年，全省工业增加值达到4500亿元以上，比"十五"末期翻一番，占全省生产总值的比重达到40%；人均工业增加值超过1000

2017年12月，安徽省第四届工业设计大赛在蚌埠市举行

美元；万元生产总值能耗下降20%；新产品产值率达到30%；综合经济效益指数超过200，工业对财政的贡献率达到70%；形成一批主业突出、拥有自主知识产权和具有核心竞争力的重要骨干企业。"十一五"期间工业发展的主要任务是：优化资源配置，培育发展汽车工业、装备工业、优质金属材料工业、水泥及非金属优质材料工业、信息电子工业、农副产品加工业、能源和煤化工业、生物技术工业等支柱产业，力争销售收入超千亿元的产业超过6个。优化区域布局，建设以合肥为重点的先进制造业、信息电子业等高新技术产业为主导的省会经济圈工业密集区；建设以马鞍山、芜湖、铜陵、安庆为重点的优质材料、石油化工、食品轻纺沿江工业产业带状工业区；建设以"两淮一蚌"为重点的能源、煤化工和盐化工、农产品深加工、生物产品和装备产业沿淮工业区；建设以特色加工为主导的农产品深加工、旅游产品、"专精特新"装备制造皖南特色工业区等。

工业强省是推进安徽跨越式发展、加快实现崛起的重大战略，也是富民强省、全面建设小康社会的重要举措。必须深入贯彻落实科学发展观，进一步强化工业的主导地位，加快工业化进程，努力走出一条具有安徽特色的

新型工业化道路，促进全省经济社会又好又快发展。

六十二　合宁高铁通车

"千古百业兴，先行在交通。"交通自古以来就是民生要义、经济命脉，维系着人们的生产生活，承载着社会的发展重任。2008年4月18日，合宁高铁正式开通运营。8月1日，合宁高铁首列动车从合肥火车站发出。

"十三五"时期，安徽加快布局高速铁路通道，坚持把铁路建设作为基础设施补短板的关键领域，累计完成铁路建设投资1830亿元，基本形成了以合肥为中心、以高速铁路为骨架的现代铁路交通体系，在全国高速铁路网中的枢纽功能进一步显现。郑徐、杭黄、商合杭、郑阜等高铁相继建成，合肥至新沂铁路加快建设，扬马等城际铁路先后开建，沿江高铁上海—合肥段前期工作加快推进，合肥"米"字型高铁网络基本形成。在实现"市市通高铁"的同时，拥有200余万人口的阜阳市临泉县、旅游资源丰富的黄山市祁门县、位于大别山腹地的六安市金寨县等24个县也开通了高铁。截至2020年12月，安徽省铁路运营总里程达到5100公里，其中高速铁路占比超过四成，达到2165公里，居长三角地区首位。

长三角一体化发展，交通是先行领域。近年来，安徽省紧扣"一体化"和"高质量"两个关键词，加强与沪苏浙通力合作，全面推进交通运输更高质量一体化发展。2020年6月，安徽与上海、江苏、浙江签署《长三角地区省际交通互联互通建设合作协议》，加强皖苏两省专题协商，规划对接、项目衔接、工作协调、信息互通等工作常态化开展，一体化互联互通显著提升。重点建设的商合杭高铁是一条连接河南商丘、安徽合肥与浙江杭州的高速铁路，有"华东第二通道"之称。商合杭高铁铁路全长794.55公里，其中新建线路617.94公里，设计时速350公里，总投资992.47亿元。安徽

商合杭高铁合杭段线路走向示意图

段线路长 630.9 公里，新建线路约 519 公里，总投资 820.54 亿元（含芜湖长江公铁大桥 86.3 亿元）。商合杭高铁是我国"八纵八横"高速铁路主通道中"京港（台）通道"和"京沪通道"的重要组成部分，全线通车后，进一步完善了我国中东部地区快速铁路客运网络，缓解京沪高铁客流压力，更加便利沿线群众出行，对促进长江三角洲区域一体化发展，具有十分重要的作用。

六十三　为民服务全程代理制

为深化农村综合改革，推动政府职能由"管理型"向"服务型"转变，维护农民合法权益，从源头上防止农民负担反弹，推进社会主义新农村建设，

2006年11月6日，安徽省委办公厅、省政府办公厅印发《关于全面推行农村为民服务全程代理制的意见》。提出农村为民服务全程代理制，是在不增加新的机构、编制和人员的前提下，在乡镇设立为民服务中心或者代理室，在有条件的村设立代办点，对农民需要办理的事项实行"一个中心"对外、"一个窗口"受理、"一条龙"服务，对财政补贴农民资金"一卡通"发放，行政审批和公共服务"一站式"办结，行政事业性收费"一票制"收缴。推行农村为民服务全程代理制要遵循便民原则、公开原则、法治原则、效能原则、求实原则。实行农村为民服务全程代理制要规范服务程序，切实抓好受理环节、办理环节、回复环节等三个环节。

为民服务全程代理制，是安徽农村基层组织建设的突出亮点，也是中国农村税费改革后乡村治理中的又一伟大创造。亳州市谯城区根据农村经济社会发展的新要求，把提高基层政府的公共服务能力，打造服务型政府，作为深化农村综合改革的基本目标取向，规范化、程序化、数字化、制度化地实施为民服务全程代理制，探索出后农业税时代农村综合改革新机制，形成了独具特色的为民服务全程代理的体系。在推行为民服务全程代理制的过程中，亳州市谯城区以解决群众"办事难"为突破口，探索建立了"设施齐全、功能完善、制度规范、服务高效"的三级为民服务全程代理体系，实现了服

务项目明细化、代理流程规范化和全程监控智能化，项目全覆盖，服务无盲区。初步统计，自2007年为民服务全程代理制运行至2011年年底，全区已办理全程代理类事项20余万件，办结率98.5%，群众满意率接近100%。

亳州市谯城区积极探索为民服务全程代理体系

六十四　实施民生工程

2007 年，安徽省委、省政府坚持以人为本、科学发展，在全国率先实施民生工程。2007 年 1 月 5 日，安徽省政府印发《关于实施十二项民生工程促进和谐安徽建设的意见》。决定从 2007 年开始启动和实施 12 项民生工程，提高城乡居民社会保障水平，增强政府公共服务能力，让广大人民群众共享改革发展的成果。主要内容是：建立农村居民最低生活保障制度、进一步提高农村"五保户"供养标准、完善城镇未参保集体企业退休人员基本生活费保障机制、积极推进农村新型合作医疗制度、探索建立城镇居民基本医疗保障制度、逐步提高城乡医疗救助水平、逐步建立重大传染病病人医疗救治和生活救助保障机制、积极推进城乡卫生服务体系建设、全面实施城乡义

淮北市烈山区文化惠民工程实行公开招投标

务教育经费保障机制改革、全面消除农村中小学危房、加速推进农村饮水安全工程建设、进一步完善农村部分计划生育家庭奖励扶助制度。

2007 年至 2015 年，民生工程项目数量从 12 项逐步增加到 33 项（累计实施 50 项），资金投入达到 3905.9 亿元，惠及全省 6000 多万群众，人均受益 6000 多元，其中"十二五"时期累计实施 43 项，投入 3051.7 亿元。

民生工程具有目标可量化、实施有抓手、项目可考核、结果可追溯的特点，已成为安徽保障和改善民生有效的制度安排、最具特色的工作品牌，探索了一条用项目化手段、工程化措施解决民生问题的新路。

六十五　皖江城市带承接产业转移

2010 年 1 月，国务院正式批复《皖江城市带承接产业转移示范区规划》（以下简称《规划》）。皖江城市带成为首个获批复的国家级承接产业转移示范区。皖江城市带包括合肥、芜湖、马鞍山、铜陵、安庆、池州、巢湖、滁州、宣城 9 市，以及六安市的金安区和舒城县等，共 59 个县（市、区）。根据《规划》，皖江城市带承接产业转移示范区在空间布局上以沿长江一线为发展轴，以合肥和芜湖两市为"双核"，以滁州和宣城两市为"双翼"，构筑"一轴双核两翼"产业分布的新格局。《规划》明确将皖江城市带承接产业转移示范区定位为合作发展的先行区、科学发展的试验区、中部地区崛起的重要增长极、全国重要的先进制造业和服务业基地。规划期为 2009—2015 年，重大问题展望到 2020 年。到 2015 年，示范区地区生产总值比 2008 年翻一番以上，三次产业协调发展，实现与长三角分工合作、优势互补、一体化发展，成为在全国有重要影响力的城市带。据统计，2005—2008 年，皖江城市带实际利用外资额年均增速达到 43%，分别比全国、长三角、中部地区平均增速高 27.8、25.4 和 15.4 个百分点。同期，皖江 9 市利用省外境内资金年均增长达 65%，2008 年达到 2163.9 亿元，其中来自长三角的资金占 55%，皖江城市带已成为与长三角联系最为密切、承接产业转移较多的区域之一。

在产业结构方面，皖江城市带承接产业转移示范区将明确把装备制造业、原材料产业、轻纺产业、高技术产业、现代服务业和现代农业作为重点发展的六大支柱产业，并以现有的产业园区为基础，推动园区的规范、集约、特色化发展，突破行政区划制约，在皖江沿岸适宜开发地区高水平地规划建设承接产业转移的集中区，以适应产业大规模、集群式转移的发展趋势。

2016 年 10 月 21 日，省政府正式印发《皖江城市带承接产业转移示范区规划（修订）》。在规划展期方面，规划明确展期至 2020 年，远景目标展望至 2025 年。在战略定位方面，按照新形势、新要求，对战略定位作了

安庆市召开皖江城市带承接产业转移示范区建设动员大会

适当的优化调整：一是合作发展的先行区，二是系统推进改革创新的核心区，三是中部地区崛起的重要增长极，四是具有国际竞争力的先进制造业和现代

服务业基地，五是长江经济带生态文明建设的安徽样板。

六十六　城乡医保全覆盖

2007年，安徽省全面启动城镇居民基本医疗保险制度，对未纳入城镇职工基本医疗保险覆盖范围的非从业城镇居民基本医疗保险进行制度安排。2008年年底，安徽省基本实现城镇职工、城镇居民基本医疗保险和新型农村合作医疗制度全覆盖，初步构建全民医疗保障格局。2009年，在全国率先启动基层医疗改革，安徽省在乡镇卫生院（社区卫生服务中心）全面开展了管理体制、人事制度、分配制度、药品供应机制、保障制度等综合改革。2010年安徽省发布了新版《基本医疗保险、工伤保险和生育保险药品目录》，甲、乙类药品品种多达2400种，比2007年的药品目录增加了300多种，参保城镇职工与城镇居民均统一使用新版目录。2013年又对药品目录进行少量的修订。至2013年，全省城镇居民基本医疗保险参保人数已达9747635人，实现了城镇居民全覆盖的目标。2008—2013年累计达24986.2万人次从中受益，大大减轻了医疗费用。

统筹推进城乡医疗保障体系建设，持续深化医保管理体制改革。2017年，安徽省确定了"强化省级统筹、部分城市先行先试"的改革思路，逐步建立安徽省完善统一的城乡居民基本医疗保险制度和大病保险制度，让城乡

岳西县农民享受新型农村合作医疗政策

居民公平享有基本医疗保险权益。2018 年，全省 7000 万人民享有了基本医疗保障，实现全覆盖。

六十七　社区治理的安徽探索

为适应基层社会管理服务体制机制创新的要求，从 2010 年 7 月开始，铜陵市铜官山区全面启动了"减少层级、加强基层、提升效能、强化服务、推动自治"为目标的社区管理体制改革，将原来的"区—街道—社区"三级管理结构调整为"区—社区"两级。2011 年 6 月，民政部批复同意铜官山区为全国首个"社区管理和服务创新实验区"。2011 年 7 月 28—29 日，全省社区综合管理体制改革现场会在铜陵召开，向全省宣传推广铜陵经验。到 2011 年 8 月，铜陵市成为全国第一个全部撤销街道的地级市。

铜陵市社区管理体制改革的主要做法概括起来就是"123"，即"一个减少、两个实行、三个完善"。"一个减少"：整合原有街道、社区设置，调整社区规模，实行大社区体制。在全市撤销 10 个街道办事处，把原来 61 个社区整合为 23 个社区。新社区采用"一个核心三个体系"的组织架构，即以社区党工委为核心，社区居委会、社区公共服务中心（社区服务中心）以及社会组织三个体系为支撑的整体架构。"两个实行"：一是实行扁平化管理。街道撤销后，城市管理由"市—区—街道—社区"四级管理变为"市—区—社区"三级管理。同时，实行"三个下沉"：人员下沉、经费下沉、资源下沉。二是实行网格化管理。按照"属地管理、条块结合"原则，每 200~300 户划分一个网格，配备 1 名网格管理员。"三个完善"：完善社区公共服务体系、完善社区市场化服务体系、完善社区义务服务体系。

铜陵市社区管理体制改革的成效主要体现在六个方面：一是资源配置进一步向社区集聚。每个社区工作人员由 7~12 人增加到 22~40 人，实现了

2011 年 7 月，全省社区综合管理体制改革现场会
在铜陵市举行

人力在社区集聚；经费由 3 万元左右增加到 30 万元～50 万元，实现了财力在社区集聚；文化活动用房面积由 9400 多平方米增加到 1.8 万多平方米，实现了物力在社区集聚。二是社区居民自治功能进一步强化。推行社区居委会直选，完善民主管理制度，开展"管家计划"，让社区居民群众亲自管理社区事务、研究社区经费开支，社区民主自治氛围更加浓厚。三是居民的服务需求得到进一步满足。对困难家庭和空巢家庭，实行每天一次电话访问、每周一次登门服务，代办各种家庭事务；对普通家庭开展"2881890"热线服务，实现服务受理一刻钟、服务抵达一刻钟、服务回访一刻钟。四是管理成本下降，效益明显提升。将工作经费直接下划到社区，使社区工作经费极大增加，减少财政支出 8.5%。同时信访量同比下降 12.9%，固定资产投资增加 44%，财政收入增加 40%。五是社区工作队伍进一步优化。改革前街道、社区共有人员 569 人，改革后各社区共有人员 492 人，经过优化组合，精减人员 13.5%。六是党在基层的执政基础进一步巩固。新社区成立党工委，党工委直属区委管理，统筹全局，协调各方，丰富了组织建设形式，巩固了基层政权。

第四章
安徽全面建成小康社会之路
（2012—2021）

六十八　实施文化强省战略

为顺应经济社会发展新要求，顺应新时代文化发展新趋势，顺应人民群众精神文化生活新期待，2012 年 4 月 9 日，安徽省委九届三次全委（扩大）会议审议通过《中共安徽省委关于贯彻落实党的十七届六中全会精神进一步加快文化强省建设的实施意见》。5 月 3 日，省委印发《关于贯彻落实党的十七届六中全会精神进一步加快文化强省建设的实施意见》。2012 年 12 月，安徽省委、省政府出台了《文化强省建设实施纲要》。《纲要》明确了文化强省的建设战略目标、建设路径、重大行动和保障措施，是贯彻落实省第九次党代会和省委九届三次全会精神、加快建设文化强省的纲领性文件。2016 年，对照《文化强省建设实施纲要》，全省宣传文化系统围绕实现阶段性目标，以文化影响力、竞争力和整体实力进入全国十强乃至更高位次为标杆，将"打造充满活力的文化强省"的宏伟愿景细化为理论社科强、思想道德强、新闻出版强、广电影视强、网络舆论强、文化演艺强、文化产业强和文化开放强八个方面。截至 2020 年 6 月，全省文化产业增加值和旅游业总收入占全省生产总值比重分别达到 4.52% 和 5.47%，高于全国平均水平。"十三五"规划目标任务基本完成，文化引领风尚、教育人民、服务社会、推动发展的作用得到

2019 年 11 月 11 日，第四届中国非物质文化遗产传统技艺大展在安徽黄山举行

充分发挥，旅游业对于国民经济和社会发展的综合带动功能全面凸显，创新型文化和旅游强省建设迈出坚实步伐。

2016年以来，全省新创舞台艺术作品500多部，淮北梆子戏《永远的大别山》等139个项目获得国家艺术基金资助，舞剧《石榴花开》等2个剧目荣获国家剧目奖。全省共有民营院团3900多家，数量全国第一，成为艺术繁荣发展的生力军。公共文化服务体系建设全面推进。2020年7月1日，省人大常委会通过了《安徽省公共文化服务保障条例》，为我省公共文化服务提供法制保障。与2016年相比，全省图书馆、文化馆、博物馆、美术馆面积分别增长54%、42%、21%、21%。乡镇文化站实现全覆盖。村级综合文化中心覆盖率从不足30%提高到96%。服务效能大幅提升。组建"三馆一院"联盟。在全国率先建成安徽"文化云"，网上监管服务，更加便捷高效。全省1795个公共文化场馆实行免费开放，年服务超过1亿人次。连续两年"乡村春晚"举办4000多场。"文化扶贫·携手小康"惠民巡演累计超过1万场。"送戏进万村"年均演出2万多场。全省文化产业法人单位8.13万个，其中全国30强2家。黟县、霍山县等5个县（市、区）获批国家全域旅游示范区。巢湖半汤温泉养生度假区成功入选国家级旅游度假区。亳州荣获首批国家级中医药健康旅游示范区创建单位。文旅产业对住宿、餐饮、民航、铁路客运业等贡献超过80%，文旅从业人员占全省就业总人数的10%以上。扶持了333个重点旅游扶贫村，34个乡村入选全国乡村旅游重点村名录，旅游累计带动脱贫40万人。4个乡村旅游扶贫模式入选世界旅游联盟旅游减贫案例。合肥、芜湖入选国家文化消费试点城市。管理服务走向数字化。"游安徽"App上线运行，"一机在手，畅游安徽"。打造了"你是最美的风景"安徽文明旅游工作品牌，旅游志愿服务项目和团队数量全国第一。

六十九 创新型省份建设

2013年启动创新型省份建设以来，省委、省政府把科技创新摆在发展全局的核心位置，强力推进创新型省份建设工作。2013年11月，安徽省获批成为全国第二个创新型省份建设试点省份。2014年2月，安徽省出台了《关于实施创新驱动发展战略进一步加快创新型省份建设的意见》，配套制定了6个实施细则，形成了较为系统的"1+6"科技创新政策体系。2015年11月，对《关于实施创新驱动发展战略进一步加快创新型省份建设的意见》进行修订，构建了覆盖创新驱动发展全链条的"1+6+2"配套政策体系。2017年5月，省委、省政府印发《安徽省贯彻落实〈国家创新驱动发展战略纲要〉实施方案》，提出了创新型省份建设的"三步走"战略目标。2018年8月，安徽省人民政府发布《关于进一步加强基础科学研究的实施意见》，加快建设"1+6+N"（即1个国家实验室、6个重大科技基础设施、N个国家科技创新基地及交叉前沿研究平台）的国际化前沿科学研究和技术研发机构群。2018年，安徽省出台《建设安徽省级创新型城市工作指引》，提出了安徽省级创新型城市建设目标，并从落实创新政策、集聚创新要素、转化科技成果、培育创新体系、建设创新载体、激励创新人才、完善创新服务、加大创新投入、创新支撑发展等方面作出部署。

经过近几年的不懈努力，安徽创新型省份建设成就巨大。从主要创新指标上看，实现了从"单项争先"向"全面提升"的转变。先后安排了专项资金74亿元，整合社会资本120多亿元。2019年省地方财政科技支出占地方财政总支出比重居全国第4位；全社会研发经费支出占国内生产总值的比重居全国第11位。2020年区域创新能力排名居全国第8名，连续9年居全国第一方阵。2020年安徽省紧急启动实施16项新冠肺炎疫情防控应急科技攻关项目，"托珠单抗"治疗方案列入国家诊疗方案。从科技创新平台上看，实现了从"夯基垒台"向"立柱架梁"的转变。"五个一"创新主平台建设初见成效，大科学装置形成了"3+4+4"建设格局。截至 2020 年年底，全省已建成各类国家级研发平台 210 家，院士工作站 62 家。从创新成果产出上看，实现了从"跟跑并跑"向"并跑领跑"的转变。2014—2019 年，全省累计 68 项科技成果获得国家科技奖、1239 项科技成果获得省科技奖，合肥位居中国入选"全球 AI 最具创新力城市"第 4 位。"九章"量子计算机、"嫦娥钢""质子刀""量子显微镜""墨子号"实验卫星等一批重大创新成果相继问世。从支撑引领发展上看，实现了从"要素驱动"向"创新驱动"的转变。2020 年，全省高新技术企业已达 8559 家，较 2013 年净增 6541 家，居全国第 10 位。在全国率先采用"人才 + 成果 + 金融 + 基地"模式，累计引进高层次外国专家 2.4 万余人次。从科技制度创新上看，实现了从"点上突破"向"系统集成"的转变。先后出台了 20 余条科技创新法律法规及相关重要政策，逐步构建了具有安徽特色的科技创新制度体系。2019 年，安

2021 年 4 月 12 日，安徽省科学技术奖励暨加快建设
科技创新攻坚力量体系推进大会在合肥召开

徽省创新发展指数 113.9，企业创新活跃度居全国第 4 位，有 61.1% 的企业制定了创新战略目标，居全国第 1 位，从创新发展格局上看，实现了从"一枝独秀"向"竞相发展"的转变。合肥、马鞍山、芜湖三市先后获批成为国家创新型城市，界首、巢湖、宁国入选国家首批创新型县（市）建设名单。

七十　农村土地确权登记试点

安徽省委、省政府高度重视农村土地承包经营权确权登记颁证试点工作，坚持做到"确实权、颁铁证"，为推动全省深化农村改革、促进现代农业发展、实施乡村振兴战略奠定了坚实基础。2014 年 2 月，全省农村土地承包经营权确权登记颁证试点工作会议召开，首批选择在 20 个农村综合改革示范试点县（区）开展试点。省委办公厅、省政府办公厅转发省农委等部门《关于开展农村土地承包经营权确权登记颁证试点工作的意见》的通知，

2015 年 7 月 8 日，凤阳县小岗村农民喜领《农村土地承包经营权证》

按照准备前期资料、入户权属调查、测量地块成图、公示审核、建立登记簿、完善承包经营权证书、建立农村土地承包管理信息系统、资料归档等八大步骤进行。2015年3月，新增65个试点县（区）。2015年7月8日，安徽省农村土地承包经营权确权登记首批颁证启动仪式在凤阳县小岗村举行，18位小岗村村民代表领取了新颁发的《农村土地承包经营权证》。2016年年底，农村土地承包经营权确权登记颁证试点任务基本完成。全省完成土地承包经营权信息管理平台建设，农业补贴、征地补偿、土地流转方面数据应用率达95%。耕地流转面积4060万亩、流转率达50.4%，比全国高10个百分点。2019年11月，省农业农村厅下发《安徽省农村土地承包经营权确权登记颁证成果检查验收实施办法》，主要采取内业查看、内业检测、外业抽样检测的方法进行，对农村土地承包经营权确权登记颁证工作保障情况、农村土地承包经营权调查勘测成果完成情况、农村土地承包经营权登记完成情况、农村土地承包经营权确权登记颁证信息化建设情况等四项内容进行检查验收。2020年11月2日，全国农村承包地确权登记颁证工作总结暨表彰电视电话会议在北京召开，安徽省天长市农业农村局作为全国农村承包地确权登记颁证工作先进集体受到通报表扬。

开展农村土地承包经营权确权登记颁证试点，是完善农村基本经营制度的重要举措和深化农村改革的重要突破口。为农户颁发土地承包经营权证书，确实权、颁"铁证"，农村承包地确权登记颁证巩固和完善了农村基本经营制度，让农民吃上长效"定心丸"。农村承包地确权登记颁证，彻底解决了农村承包土地面积不准、四至不清、空间位置不明、权益保障难等问题，为农村土地流转和抵押交易奠定坚实基础。土地确权可以使承包权更为稳定，使之成为可以正常分割、流转、继承的财产性权利，从而形成稳定的农村土地产权制度，为农地所有权、承包权、经营权"三权"分置创造有利条件。开展农村土地承包经营权确权登记颁证，稳定了土地承包关系，推动了农业规模化经营，促进了农民增产增收，必将进一步释放农村改革发展活力。

七十一　合肥滨湖文化建筑群

为将滨湖建设成为合肥市新的文化中心，安徽省、合肥市在合肥滨湖新区规划建设渡江战役纪念馆、安徽创新馆、安徽名人馆、安徽百戏城、安徽省美术馆、安徽省科技馆新馆、安徽省城乡规划展示馆、合肥滨湖国际会展中心等一批大型文化建筑，形成滨湖新区新的文化地标。

渡江战役纪念馆。1949年4月20日夜至21日，第二、第三野战军在第四野战军先遣兵团和中原军区部队配合下，发起渡江战役。国民党苦心经营的长江防线顷刻瓦解。在伟大的渡江战役中，安徽处于重要的地位，以邓

合肥渡江战役纪念馆

小平同志为书记的渡江战役总前委就驻扎在肥东县撮镇瑶岗村。渡江战役纪念馆于 2012 年 11 月 28 日正式对公众免费开放。纪念馆规划用地 22 万平方米，主馆建筑面积约 1.6 万平方米，纪念馆由南向北为五角星胜利塔、总前委群像和纪念馆。渡江战役纪念馆体现的是水与战舰的主题，巨大的馆身犹如两艘雄伟战舰并排行驶在浩瀚的水面，向前直指南方的长江。馆内陈列国内最大的室内艺术群雕"胜利之师"，拥有最新采用的幻影成像、蓝幕抠像技术、最新摄制的纪录片《八百将士忆渡江》以及约 1000 件珍贵的革命文物。渡江战役纪念馆是和辽沈、平津、淮海三大战役纪念馆等同规模的国家级纪念馆。2017 年 3 月，渡江战役纪念馆被中宣部命名为全国爱国主义教育示范基地。

安徽创新馆。该馆是全国首座以创新为主题的场馆，也是全国首个 5G 智能馆，是一座集合成果展示、要素集聚、研发转化等功能于一体的场馆。安徽创新馆于 2019 年 4 月 24 日开馆。该馆占地面积 150 亩，建筑面积 8.2 万平方米。全馆由三栋独立的场馆组成，三大主题场馆交织关联。1 号馆着

安徽创新馆鸟瞰图

重体现展示窗口功能，围绕"创引擎""创智慧""创未来"三大主题框架，展示安徽创新发展的历史、资源、成果和未来。2号馆着重体现先行示范功能，综合运用人工智能、大数据等新技术，打造集研发转化、技术转移、成果转化、人才培养为一体的科技创新成果转化交易平台。3号馆着重体现实用平台功能，打造全球路演中心、科技成果发布中心、媒体创新传播中心、科技中介服务中心等。

安徽名人馆。安徽物华天宝，人杰地灵，历史上涌现出了一批又一批名垂千古、彪炳千秋的杰出人物。安徽名人馆建于2009年，占地面积6.5万平方米。该馆一层由蜡像馆、3D影院、临时展厅、互动体验厅、国学讲堂、数位智库组成；二、三层为基本展陈区，展陈面积1万平方米。

安徽百戏城。该馆位于合肥市滨湖新区云谷路与环湖北路交叉口，建筑面积约4万平方米，由1320座专业杂技剧场、546座地方戏小剧场、433座综合性小剧场等组成，集文化演出、交流展览、休闲娱乐等多项功能于一体，对丰富市民娱乐活动具有重要意义。

安徽省美术馆。该馆位于合肥市滨湖新区环湖北路与金斗东路交叉口，项目建筑面积5万平方米。建筑整体形象以山水为精神，以画卷为意境。建筑主要功能包括美术馆、创作中心、艺术MALL等。该项目建成后将集收藏、研究、展示、教育、交流等功能于一体，必将为江淮人民带来一场富含人文气息的艺术盛宴。

安徽省科技馆新馆。该馆位于合肥市滨湖新区环湖北路与香港路交叉口，科技馆新馆外形类似鸟巢，建筑面积6万平方米，包含安徽省科技馆和安徽省青少年科技活动中心两个部分。科技馆新馆建成后，将成为安徽科技文化新地标，极大地推动安徽省科学普及事业的发展。

安徽省城乡规划展示馆。该馆位于合肥市滨湖新区云谷路和环湖北路交叉口，总建筑面积约8.2万平方米，高21米，包括三座建筑单体，自西向东分别为合肥市规划展示馆、安徽省规划展示馆和15个地市规划展示馆，其中省馆及 15 个地市馆建筑面积约 5 万平方米，合肥市馆约 3.2 万平方米。

合肥滨湖国际会展中心。位于合肥市滨湖新区，总建筑面积约 33.28 万平方米，其中展览部分建筑面积约 23.08 万平方米，项目一期建筑面积约 17.96 万平方米，包括 6 个标准展厅、登录大厅、主展馆及其所在的长廊。待二期场馆建成后，滨湖国际会展中心展览面积将达 14 万平方米，成为亚洲展览面积较大及配套设施较齐全的会展中心之一。

七十二　长三角一体化发展

2018 年 11 月 5 日首届中国国际进口博览会上，习近平总书记提出"支持长江三角洲区域一体化发展上升为国家战略"。2019 年 3 月 5 日，李克强总理在政府工作报告中提出"将长三角区域一体化发展上升为国家战略，编制实施发展规划纲要"。2020 年 8 月 18 日—21 日，中共中央总书记、国家主席、中央军委主席习近平考察安徽，主持召开了扎实推进长三角一体化发展座谈会，就更好推动长三角一体化发展指明前进方向、提出具体要求，开启了长三角一体化发展新的"加速度"。从 1990 年的"开发皖江、呼应浦东"到 1995 年皖江开发开放，再到 2005 年实施"东向发展"战略，安徽持续探索积极融入长三角的有效路径，30 多年来参与度、紧密度和融合度不断提升，产业协同发展不断深化，推动长三角一体化发展不断取得新成效。

2008 年安徽省正式加入长三角"三省一市"合作机制。2011 年 11 月 20 日，在长三角"三省一市"主要领导峰会上，苏皖两省达成共识，合作共建苏滁现代产业园，掀开了高起点建设合作园区的新篇章。2014 年 9 月 12 日，国务院印发《关于依托黄金水道推动长江经济带发展的指导意见》，确立提升南京、杭州、合肥都市区的国际化水平。2016 年 5 月，国务院通过了《长江三角洲城市群发展规划》，提出培育更高水平的经济增长极。2018 年 3

月 30 日，安徽省推动长江经济带发展工作会议召开，强调要坚持"共抓大保护、不搞大开发"战略导向不动摇。2018 年 7 月 17 日，沪苏浙皖大数据联盟在上海共同签署《沪苏浙皖三省一市大数据联盟合作备忘录》，加快数字资源开放共享。2018 年 10 月 30 日，沪苏浙皖三省一市共同签署《长三角地区加快构建区域创新共同体战略合作协议》。2018 年 11 月 23 日，江苏省第十三届人大常委会第六次会议通过《关于支持和保障长三角地区更高质量一体化发展的决定》。2018 年 11 月，《苏皖合作示范区发展规划》获得国家发改委批复，提出加快"一地六县"长三角生态优先绿色发展产业集中合作区建设。2019 年 5 月 22—23 日，2019 年度长三角地区主要领导座谈会在芜湖市举行。7 月 27 日，安徽省委、省政府印发《安徽省实施长江三角洲区域一体化发展规划纲要行动计划》。10 月 15 日，长三角城市经济协调会第十九次会议在芜湖市召开，安徽全省 16 个市全部加入长三角城市经济协调会，发布了《长三角城市合作芜湖宣言》。10 月 22—24 日，安徽省党政代表团在上海、浙江、江苏开展学习考察和项目对接，并与三方分别召开推动长三角一体化发展合作座谈会。2020 年 12 月 10 日，省委印发《贯彻落实习近平总书记在扎实推进长三角一体化发展座谈会上重要讲话精神的意见》。12 月 22 日，省委印发《关于贯彻落实习近平总书记在全面推动长江经济带发展座谈会上重要讲话精神加快建设新阶段现代化美丽长江（安徽）经济带的意见》。

党的十九大以来，安徽省牢记习近平总书记嘱托，紧紧抓住长三角一体化发展战略机遇，紧扣一体化和高质量两个关键词，深入推进重点领域一体化建设，建立统一开放、竞争有序的现代市场体系，深化与 G60 城市创新合作，推动上海张江、合肥综合性国家科学中心"两心共创"，探索规划联动、项目联动、平台联动、人才联动，在加快融入长三角一体化发展进程中推动经济高质量发展，在更高起点推动长三角一体化发展走深走实。

七十三　新桥国际机场通航

1977年11月，合肥骆岗机场正式运营。2006年6月，经国家有关部门验收合格后，骆岗机场正式升格为国际机场。2013年5月29日24时，安全运行36年的合肥骆岗国际机场正式停用。2013年5月30日零点，合肥新桥国际机场正式启用。当日0时05分，新桥国际机场迎来它的第一个进港航班MU5172次北京/合肥航班。5月30日早上，东航MU5468次合肥/上海的航班成为合肥新桥国际机场出港的第一个航班。

合肥新桥国际机场外景图

合肥新桥国际机场位于安徽省合肥市蜀山区高刘镇，距合肥市中心 31.8 公里，为 4E 级国际机场，区域枢纽机场，华东机场群成员。新桥国际机场建设项目是被列入国家和安徽省"十一五"规划纲要的重点项目，是安徽省最大的机场建设工程。一期工程建设于 2008 年 11 月动工建设，占地面积 7500 亩，是国内 4E 级枢纽干线机场，按照满足 2020 年旅客吞吐量 1100 万人次、货邮吞吐量 15 万吨的需要设计。俯视整个建筑，宛若金色的展翅大鹏在江淮分水岭上昂首欲飞，既是一张代表合肥形象的新名片，也是安徽又一标志性新景观。截至 2017 年 12 月，合肥新桥国际机场跑道长 3400 米、宽 45 米；航站楼 1 座，面积 11 万平方米；站坪面积 36 万平方米，共设机位 27 个，其中廊桥机位 19 个，远机位 8 个。2018 年 11 月 26 日，新桥国际机场突破 1000 万客流量，跻身"千万级机场俱乐部"。

新桥国际机场是海陆空的联运枢纽，每周有 630 余个航班，基本通达全国各地。同时还开通了新加坡、韩国首尔和济州岛、泰国曼谷、日本大阪等国际航线，以及台北和高雄、香港、澳门等地区航线。展望未来，随着远期工程的投建，预计到 2040 年，合肥新桥国际机场的客货吞吐量将分别达到 4200 万人次和 58 万吨。

七十四　建设旅游强省

2000 年 7 月 28 日，中共安徽省委、省人民政府出台《关于加快"两山一湖"旅游经济发展的若干意见》，提出要集中力量加快"两山一湖"旅游经济发展，加速形成以"两山一湖"带动全省旅游经济大发展的格局。2014 年 12 月 9 日，省政府印发《关于促进旅游业改革发展的实施意见》，提出到 2020 年基本建成旅游强省，旅游业成为国民经济战略性支柱产业和人民群众更加满意的现代服务业。2016 年 7 月 21 日，省政府办公厅印发《皖南国际文化旅游示范区建设"五个一"行动计划》，推动皖南示范区全域化旅游发展。2019 年 5 月 26 日，省政府印发《关于促进全域旅游发展加快旅游强省建设的实施意见》。同时，出台 10 项奖补政策，促进旅游业加快发展。9 月，六安市霍山县和黄山市黟县入选全国首批全域旅游示范区名单。安徽省在建设旅游强省过程中，持续推进"两山一湖"旅游经济加快发展。2014 年，《皖南国际文化旅游示范区建设发展规划纲要》正式颁布实施，提出将该区打造成世界一流旅游目的地，为美丽中国建设提供示范。2019 年，安徽皖南国际文化旅游示范区全年实现旅游总收入 4436.48 亿元，接待入境游客 546.95 万人次，国内游客 4.07 亿人次，同比分别增长 17.2%、9.3%、13.2%，占全省比重分别达到 52.0%、83.4% 和 50.0%。

"十三五"以来，全省构建全域旅游新格局，强力推进旅游强省"五个一批"重点工程建设，旅游项目完成投资 1 万亿元。重点完善皖南国际文化旅游示范区、合肥都市圈休闲旅游区、大别山自然生态旅游区和皖北文化生态旅游区四大旅游板块功能，全省新增 A 级旅游景区 65 家，总数达 625 家，其中 5A 级景区由 9 家增至 12 家，国家全域旅游示范区创建单位达到 22 个。全省文旅产业转型升级步伐明显加快、综合实力进一步增强，对住宿、民航、铁路客运业等贡献率超过 80%，对餐饮、商业等贡献率超过 40%，从业人员占全省就业总人数的 10% 以上。推出 34 个乡村旅游重点村进入国家乡村旅游重点村名录，扶持 333 个重点旅游扶贫村，旅游累计带动脱贫 40 万人。黟县、霍山县等 5 个县（市、区）获批国家全域旅游示范区。巢湖半汤温泉养生度假区成功入选国家级旅游度假区。亳州荣获首批国家级中医药健康旅游示范区创建单位。2019 年全省旅游总收入 8526 亿元，年均增长 19.9%，旅游业增加值占 GDP 的 5.47%。截至 2020 年 12 月，全省旅游生产经营单位有 3.3 万个，旅行社达 1519 家，星级饭店发展至 302 家。

七十五　大力发展职业教育

为全面贯彻落实全国教育大会精神和《国家职业教育改革实施方案》，2019 年 10 月，安徽省政府印发《安徽省职业教育改革实施方案》，提出到 2022 年，全省职业院校（含技工院校，下同）教学条件基本达标，主要办学指标达到中部领先、发达省份平均水平。重点建设 10 所左右高水平应用型本科院校、20 所左右高水平高等职业学校、80 所左右高水平中等职业学校和一批骨干特色专业（群），争取若干所高职院校进入国家"双高计划"。重点建设 20 个左右省级"双师型"教师培养培训基地和 100 个左右省级教师教学创新团队，"双师型"教师占专业课教师总数超过 60%。推动建设 100 个左右省级高水平专业化产教融合实训基地，培育认定 500 个左右产教

灵璧县高级职业技术学校高技能人才培训基地

融合型企业，建成 20 个左右省级示范性职业教育集团。经过 5—10 年努力，职业教育基本完成办学格局、发展方式和培养模式三个重要转变。

根据方案，安徽将建立"职教高考"制度，分类考试成为高职院校招生主渠道，高职院校面向中职毕业生的录取比例 2022 年达 60%。今后安徽普通本科高校新增招生计划主要用于高层次技术技能人才培养，逐步扩大应用型本科高校面向职业院校毕业生的招生计划，2022 年达到招生总计划的 30% 以上，启动中职、高职与本科高校联合开展长学制人才培养试点。未来，安徽将建立产教融合型企业认证制度，对进入目录的产教融合型企业给予"金融＋财政＋土地＋信用"的组合式激励，并按规定落实相关税收政策。纳入产教融合型企业建设培育范围的试点企业兴办职业教育符合条件的，可按投资额 30% 抵免该企业当年应缴教育费附加和地方教育附加。

2020 年，全省积极推进职业教育产教融合发展，安徽省多个职教集团入选全国示范建设培育单位，合肥市入选国家产教融合试点城市，科大讯飞入选国家产教融合型企业。全省全面实施职业教育提质培优三年行动计划，高职扩招数量居全国前列。全省坚持达标兜底和示范引领，分类创建中职学校，实现中职招生近 40 万人，超额完成教育部下达指标，招生数和职普比位列全国第一方阵；推进"岗课赛证"综合育人，189 所学校的 10.3 万名学生参与 1+X 职业技能等级证书试点，合格率 72.7%，试点数量、试点人数、高校参与覆盖面等均居全国前列。在全国职业院校技能大赛中，安徽高职院校获得奖牌总数连续 3 年位居全国前三，中职学校国赛获奖率连续 3 年高于全国平均水平。

七十六　兴水利　保安澜

安徽省是水利大省，水利事业在安徽经济社会发展中占有重要地位。新中国成立前，安徽省洪、涝、旱、渍灾害频繁发生，形成了"大雨大灾、小雨小灾、无雨旱灾"的局面，广大人民长期遭受水旱灾悲惨之苦。新中国成立以来，安徽省委、省政府高度重视水利工作，牢固树立以人为本的理念，实行兴利除害结合，组织实施大规模水利建设，初步建成了功能齐全的防洪、灌溉、除涝三大工程体系。先后经历大规模治淮时期（1950—1957 年）、艰难曲折中不断发展时期（1958—1977 年）、蓬勃发展的新时期（1978—2009 年）。1991 年江淮大水之后，国务院确定兴建 19 项治淮骨干工程，安徽省完成 1000 公里长江干堤除险加固，建成以临淮岗洪水控制工程为代表的治淮 14 项骨干工程，治淮工程累计完成投资 220 亿元。安徽省坚持依法治水管水，先后制定《安徽省实施〈中华人民共和国水法〉办法》《安徽省实施〈中华人民共和国防洪法〉办法》《安徽省实施〈中华人民共和国河道管理条例〉办法》《安徽省抗旱条例》等一系列地方性法规、规章、规范性文件 80 余件，各地制定配套规范性文件 800 余件。安徽省及各地落实以行政首长负责制为主的防汛抗旱责任制，先后战胜了 1975 年、1982 年、1991 年、1998 年、

引江济淮工程沪河总干渠渡槽总跨顺利合龙

2003 年、2007 年特大洪水，及 1978 年、1994 年、2000 年、2004 年特大旱灾，最大限度地减轻了灾害损失。

"十二五"期间，安徽在建设工程水利、资源水利、民生水利、生态水利"四个水利"，构建防灾减灾、水资源保障、农村水利、水生态保护、水利社会管理"五大体系"的基础上，推动形成以"治水保安、兴水富民"为核心的"水利安徽"战略，并由水利行业战略上升为省级全面战略。安徽省累计完成重点水利项目投资 1073 亿元，是"十一五"的 2.4 倍；累计完成面上农田水利投资 465 亿元，是"十一五"的 2.24 倍。"十三五"期间，总投资 190 亿元的 14 项治淮骨干工程全面建成后，又启动了 18 项工程进一步治理淮河。长江崩岸治理、马鞍山河段整治等长江干流整治工程全面实施，基本完成青弋江、水阳江等 8 条重要支流治理任务，皖江整体防洪保安能力显著提升。2014 年，国务院启动实施 172 项重大水利工程，全省 26 个项目列入其中，总投资 1700 多亿元，已开工建设 15 项。特别是 2016 年开工建设的引江济淮工程，建设任务以城乡供水和发展江淮航运为主，结合灌溉补水和改善巢湖及淮河水生态环境，是继南水北调工程之后，全国最大的跨流域、跨区域水资源配置工程。

2020 年 8 月，习近平总书记考察安徽时充分肯定 70 年淮河治理成效，并作出"要把治理淮河的经验总结好，认真谋划'十四五'时期淮河治理方案"的重要指示。截至 2020 年 12 月，淮河治理取得重大成就。一是洪涝灾害防御能力显著增强，佛子岭水库、蒙洼蓄洪区、临淮岗洪水控制工程等一大批治淮工程相继建成，使淮河流域基本建成由水库、河道堤防、行蓄洪区、控制性枢纽、防汛调度指挥系统等组成的防洪除涝减灾体系。二是水资源保障能力大幅提高，有效支撑了流域经济社会的可持续发展。淮河流域已经建成 6300 余座水库，约 40 万座塘坝，约 8.2 万处引提水工程，规模以上机电井约 144 万眼，水库、塘坝、水闸工程和机井星罗棋布。南水北调东、中线一期，引江济淮，苏北引江等工程的建设与流域内河湖闸坝一起，逐步形成了"四纵一横多点"的水资源开发利用和配置体系。淮河流域以不足全国 3% 的水资源总量，承载了全国大约 13.6% 的人口和 11% 的耕地，贡献了全国 9% 的 GDP，生产了全国 1/6 的粮食。三是水环境保障能力明显提高，流域性水污染恶化趋势已成为历史。入河排污量明显下降，河湖水质显著改善，淮河干流水质常年维持在Ⅲ类。四是水生态保障能力持续提升，推进流域生态环境进入良性发展轨道。2018 年 11 月，国务院印发了《淮河生态经济带发展规划》。新中国成立以来 70 多年，全省治淮总投入共计 9241 亿元，直接经济效益 47609 亿元，投入产出比达到 1:5.2。

七十七　文化建设"反弹琵琶"模式

"反弹琵琶"模式是安徽省安庆市在申报国家公共文化服务体系示范区时提出的文化建设思路。所谓"反弹琵琶"模式是指在经济社会发展欠发达但文化资源富集地区开展公共文化建设时，可以整合文化资源适度超前发展公共文化服务事业，发挥"以文化人"的功能作用，为经济社会发展提供

2020 年 9 月 28 日，安庆博物馆（中国黄梅戏博物馆）新馆正式开馆

智力支持和人才保障。后来"反弹琵琶"模式被推广到包括发展文化产业等文化建设所有领域，成为贫困欠发达地区加快文化建设的一种有益探索。

推行"反弹琵琶"的文化建设模式，关键在于制度创新和机制创新。一是建立资源整合机制。依靠文化存量调整，优化配置资源，解决贫困地区文化建设中资源短缺的突出矛盾，实现城乡公共文化服务体系的功能拓展和提质增效。二是建立内生动力机制。依据城乡居民的文化消费需求和期待，引导城乡居民、社会组织自主参与公共文化服务体系的建设和管理。三是建立长效运行机制。加强公共文化服务机构的制度建设和机制创新，探索县乡公共文化服务机构的管理模式和运营服务规范创新。四是转变公共文化服务方式和公共文化管理方式。在贫困欠发达地区加快公共文化建设，是政府主导的后发外生型的文化现代化过程，政府主导作用必须同人民群众主体地位相结合，激活当地文化发展的内生机制；外来先进文化必须同当地优秀传统文化相结合，实现文化发展中的基因重组和文化再造。五是要坚持公共文化标准化、均等化。公共文化建设过程中越来越重视公平正义的价值取向和让文化改革发展的成果惠及全体人民的文化为民理念。

安庆市积极探索创新中部地区文化建设适度超前、引领和促进经济社会全面发展的现代公共文化服务"反弹琵琶"模式，着力解决经济欠发达地区公共文化建设中普遍存在的设施欠账多、服务受众面窄、标准化均等化低等突出问题，以群众文化需求为导向，以标准化均等化为目标，坚持重心下移、资源整合、条块联动、提质增效，推动形成了"文化活动人人参与、文化产品送到身边、文化场馆免费开放、文化成果人人共享"的良好局面。2016年10月，安庆获得国家公共文化服务体系示范区称号。"十三五"期间，安庆成功蝉联全国文明城市，桐城市首创首成全国文明城市，累计获评全国文明村镇10个、全国文明单位10个、全国文明家庭2个、全国文明校园4个。获评"中国好人"18人、全国道德模范提名奖2人。新创黄梅戏优秀剧目70余部，其中黄梅戏《邓稼先》荣获安徽省第十五届精神文明建设"五个一工程"奖。全面完成贫困地区 87 个村综合文化服务中心示范点建设任务，全市公共文化设施建成区面积达 37 万平方米。

七十八　推动中华优秀文化"两创"

安徽是文化资源大省，是中华文明的起源地之一，蕴藏着丰富多彩的中华优秀传统文化，涌现了老子、庄子、曹操、包拯、朱元璋、方苞、朱熹、陈独秀、邓稼先、赵朴初、严凤英等历史名人，成为老庄文化、建安文学、桐城派散文、徽文化等发源之地，徽剧、黄梅戏、庐剧、泗州戏、花鼓灯等剧种全国闻名。改革开放以来尤其是党的十八大以来，安徽省委、省政府遵循习近平总书记提出的要"推动中华优秀传统文化创造性转化、创新性发展"的"两创"方针，深入贯彻《关于实施中华优秀传统文化传承发展工程的意见》，积极探索中华优秀传统文化的保护和传承，创造性地把包括徽文化在内的中华优秀传统文化的精神标识提炼出来、展示出来，把优秀传统文化中具有当代价值、世界意义的文化精髓提炼出来、展示出来，以优质的内容吸引人、打动人、影响人。

党的十八大以来，安徽文化建设传承中华优秀文化基因，体现徽风皖韵，利用"文化＋手段"，不断锻造全新文化品牌，让居民记住"乡愁"。结合国家新型城镇化试点，活化历史文化建筑，建设一大批特色历史文化小镇，全省推进集中成片传统村落保护利用，加强非物质文化遗产基地设施建设，组织实施乡村记忆工程，促进徽剧、黄梅戏、庐剧、泗州戏、花鼓戏等地方戏曲繁荣发展。安徽重视优化文化生态，文化建设始终体现城乡一体、传统与现代均衡、经典与通俗协调、优秀传统文化与外来文化融通，文化的传承与创新同步同向，使安徽特色优秀文化创造性转化、创新性发展，徽文化生态保护实验区入选国家级文化生态保护区。

截至 2020 年 12 月，安徽全省共有各类文物遗存 1.76 万多处，全省登录文物藏品涵盖陶器、瓷器、铜器、书法、绘画等 35 个门类，成为登录文物超百万的文物大省之一。拥有世界文化遗产 3 处，中国历史文化名城 6 座，中国历史文化名街 1 条，国家级非物质文化遗产 72 项，国家级非遗生产性保护基地总数居全国第 4 位。国家保护单位总量达 175 处，居全国第 10 位。寿春城等 5 处大遗址列入国家考古遗址公园。全省 66 个县（市、区）进入全国革命文物保护利用片区名单。实施了刘家畈刘邓大军高干会议旧址、王步文故居等一批重点革命文物修复利用展示工程。肥西县三官庙、濉溪明清酿酒作坊等遗址入选省重大考古发现。"安徽革命史陈列""我与安徽改革开放四十年"等展览获得国家文物展陈奖。31 个红色旅游景点纳入全国红

徽文化生态保护实验区入选国家级文化生态保护区

色旅游经典景区名录。"非遗"保护传承能力大幅提高。"非遗"保护制度和工作体系更加健全，"非遗"代表性项目焕发生机。全省有县级以上"非遗"5500多项，其中世界级3项，国家级88项。有县级以上"非遗"传承人7000多名，其中国家级119人。省级"非遗"传习基地（传习所）87个。徽州文化生态保护区入选首批国家级文化生态保护区（全国仅7个）。举办中国"非遗"传统技艺大展等活动，广泛开展"非遗"进景区、进校园等"五进"活动，全社会保护传承"非遗"的氛围更加浓厚。入选地级全国文明城市总数达12个、居全国第2位，入选"中国好人"总数1491人、居全国第1位，中国好人安徽多！

七十九　国家新型城镇化试点省

党的十八大以来，安徽省积极探索坚持以人为本的新型城镇化道路，在城镇化发展过程中，坚持规划规制引领推进城镇科学发展，坚持为民利民为本提高居民幸福指数，坚持创新驱动加速城镇发展转型，坚持生产生活一体提升城镇发展质量，坚持宜业宜居优先满足美好生活需要，坚持共建共享加快城乡融合发展，积累了具有安徽特色的城镇化经验。

2014年12月29日，国家发展改革委等11个部委联合印发了《国家新型城镇化综合试点方案》，并将安徽省列为国家新型城镇化综合试点省。试点任务包括：坚持以人为本，探索建立农业转移人口市民化推进机制；统筹城乡发展，提高城镇化质量和水平；推进产城融合，增强城镇综合承载力；强化要素保障，提高城镇化可持续发展能力。2015年2月8日，安徽省政府印发《国家新型城镇化试点省安徽总体方案》。2017年7月，省政府印发《安徽省新型城镇化发展规划（2016—2025年）》，提出我省将扎实推进农业转移人口市民化，加强农业转移人口职业技能培训，落实政府补贴政策，鼓励参加各类短期、中期和长期培训，每年培训农业转移人口 100 万人次以上。

截至 2017 年年底，安徽省试点任务基本完成。值得一提的是，合肥市降低城市落户门槛、设立城市公共集体户口，滁州市深化"人地挂钩"改革，芜湖市允许农业转移人口缴存住房公积金，天长市推进农村股份合作制改革，金寨县探索宅基地复垦腾退建设用地指标在省内有偿使用、建立宅基地节约集约利用激励机制、捆绑叠加宅基地退出与易地扶贫搬迁政策等 8 条经验被国家发展改革委发文向全国推广。安徽新型城镇化试点工作取得积极成效，进入城镇化协调发展新阶段。

八十　打造量子梦之队

20 世纪 80 年代，中国科技大学郭光灿教授率先将量子光学理论体系引入国内，90 年代，郭光灿院士又率先将目光投向量子信息领域，在缺乏支持和经费的情况下组成攻关团队开展相关的理论研究和实验，承担国家"973 计划"项目，推出量子科学阶段性成果，培养出孙昌璞、潘建伟、杜江峰等世界一流量子科学家。2016 年 1 月，潘建伟院士领衔的五人团队获得国家自然科学奖一等奖。2017 年 12 月，中科大潘建伟教授被评为国际顶尖学术期刊 *Nature* 的年度十大人物。2018 年 1 月，潘建伟教授又在第 48 届量子电子物理学大会上获颁兰姆奖（Willis E. Lamb Award）。2019 年 2 月，潘建伟教授领衔的"墨子号"量子科学实验卫星科研团队被授予 2018 年度克利夫兰奖。2019 年 3 月，潘建伟院士获得美国光学学会 2019 年度伍德奖。这些荣誉的获得表明潘建伟院士和他的团队已经成为世界量子科学的"梦之队"。

潘建伟院士的研究团队自组建以来，量子光学一直是梦之队的传统优

势领域。他们先后
4 次打破自己保持
的多光子纠缠纪录。
潘建伟和陈宇翔、
陆朝阳三人还先后
于 2005、2013、
2017 年斩获欧洲物
理学会菲涅尔奖。
该奖每两年颁一次，
作为量子电子学和
量子光学领域青年

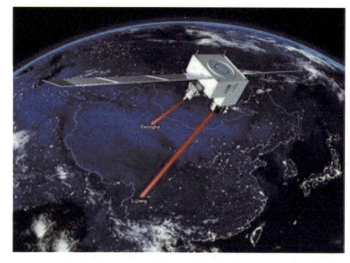

2016 年 8 月 16 日，"墨子号"量子科学实验卫星成功发射

科学家的最高荣誉，专门奖励 35 岁以下的佼佼者。2012 年，*Nature* 杂志就
曾报道："在量子通信领域，中国用了不到 10 年的时间，由一个不起眼的
国家发展成为现在的世界劲旅，将领先于欧洲和北美。"潘建伟团队已经
培养出数位"操纵光子的巫师"，从三光子到十光子，一路保持世界领先。
2016 年 8 月 16 日，世界首颗"墨子号"量子科学实验卫星成功发射。2017
年 5 月 3 日，世界首台光量子计算机在我国诞生。2017 年 9 月 29 日，全长
逾 2000 公里的中国量子保密通信骨干网络"京沪干线"开通。2020 年 12
月 4 日，潘建伟团队成功构建 76 个光子的量子计算原型机"九章"，使我
国量子计算研究水平处于世界前列。

2021 年 6 月，国际学术期刊 *Science* 杂志以"First Release"形式在线发
布了潘建伟团队的最新研究成果。2021 年 8 月，中国科学院院士、中国科
学技术大学中国科学院微观磁共振重点实验室杜江峰教授与石发展教授等，
基于金刚石固态单自旋体系，在室温大气环境下实现了突破标准量子极限的
磁测量。

八十一 "五个一"创新主平台建设

创新是安徽的"遗传基因",创新是安徽的"金字招牌"。量子产业异军突起,中国声谷拔节壮大,生物医药突破不断,合肥新兴产业生机勃勃,为安徽经济发展注入磅礴动力。

2016 年 4 月,习近平总书记在安徽调研时指出,安徽在科技、教育、人才方面有自己的优势,作为科技大省,抓科技创新动作快、力度大、成效明显,要利用好这一优势,下好创新"先手棋"。安徽省全面落实习近平总书记考察安徽时的指示,加快构建创新型现代产业体系和重大创新平台。在打造科技创新主平台上,实现了从"夯基垒台"向"立柱架梁"的转变。全省科技创新主平台体系化建设取得显著进步,国家实验室、合肥综合性国家科学中心、合肥滨湖科学城、合芜蚌国家自主创新示范区、全面创新改革试验省等"五个一"创新主平台建设初见成效,大科学装置形成了"3+4+4"建设格局,即已建成全超导托卡马克、稳态强磁场、同步辐射等 3 个装置,正在推进建设聚变堆主机关键系统综合研究设施等 4 个装置,谋划建设合肥先进光源等 4 个装置。截至 2020 年 12 月底,全省已建成各类国家级研发平台 210 家,"一室一中心"28 家,省重点实验室 175 家,省级以上工程技术研究中心 534 家,院士工作站 62 家,安徽已成为国家战略科技力量布局的重要省份。

"五个一"创新主平台建设是构建现代化经济体系的重大支撑,是推进自主创新的重大抓手,是汇聚天下英才的重大载体。"五个一"创新主平台建设把安徽创新创造推向创新引领新阶段,一批重大科技项目积极推进:安徽省科技创新"一号工程"——中科院量子信息与量子科技创新研究院已全面启动建设,聚变堆主机关键系统综合研究设施落户合肥,合肥先进光源预研进展顺利。集中涌现一批重大科技成果：全球首条量子保密通信网络——国家量子通信骨干网"京沪干线"正式开通，并通过"墨子号"卫星实现世界首次洲际量子通信；全超导托卡马克装置首次实现等离子体电子温度 1 亿摄氏度，标志着全球磁约束核聚变电子加热研究迈上了新台阶；合肥同步辐射光源实现恒流运行，性能达到国际三代光源水平；稳态强磁场装置顺利通过国家验收，实验装置磁场强度达 42.9T、位居世界第二位，标志着中国的强磁场科学技术事业迈上了一个新的台阶。

八十二 "三重一创"建设

安徽省委、省政府统筹推进"三重一创"建设，为经济发展不断注入新动能。为贯彻落实五大发展行动计划，加快推进重大新兴产业基地、重大新兴产业工程、重大新兴产业专项建设，构建创新型现代产业体系，培育壮大经济发展新动能，2017 年 4 月，安徽省政府印发《支持"三重一创"建设若干政策》（以下简称《政策》）。《政策》基本思路主要包括四个方面：一是聚焦重大项目。优先支持"三重一创"领域位于产业链核心环节、带动产业集聚发展的重大项目。基地内项目优先支持，不在基地范围内符合条件的重大项目，同样可以获得支持。 二是构建产业生态。加大平台等创新载体的支持力度，多措并举培育壮大企业等创新主体，推动基地向"基地＋集群"发展。三是优化支持方式。引导资金由切块补助基地所在市向支持重大项目转变，由无偿投入向无偿有偿投入结合转变，并与省级其他专项资金差异化定位、各有侧重。鼓励市县相关资金与引导资金衔接跟进，形成放大效应。四是坚持竞争择优。项目选择引入竞争机制，多中选好、好中选优、拉开差距。完善重大项目专家评审制度，做到公开、透明、规范。同时，对皖北三市、国家和省扶贫开发工作重点县（区）符合条件的项目，奖补资金补助金额上浮 20%。

截至 2020 年 12 月，"三重一创"建设取得重大进展。安徽省先进制造业发展"一号工程"：大众汽车（安徽）有限公司揭牌运行，是我国首个中外合资新能源汽车项目；合肥京东方继 6 代线、8.5 代线后，建成投产全球首条最高世代线（10.5 代线）；"马钢造"高铁车轮正式实现量产，改变了我国高铁车轮长期依赖进口的局面。战略性新兴产业保持高速增长，产值突破 1.2 万亿元。全省新增高新技术企业 3156 家，高新技术产业增加值占规上工业比重达 43.8%，新增众创空间 82 家、科技孵化器 31 家，新增民营企业 65.87 万户，带动就业 171 万人，新培育认定省级专精特新企业 1000 户，新开工亿元以上重点项目 6963 个、竣工 3366 个。2020 年全省募资、投资分别完成年度目标任务的 141.3% 和 381.5%。"三重一创"建设推动了一批新兴产业重大基地、重大工程、重大专项建设，促进了安徽省产业转型升级。

八十三　打造特色小镇

2016 年 11 月，安徽省委、省政府在《安徽省五大发展行动计划》中提出要立足产业"特而强"、功能"聚而合"、形态"小而美"、机制"新而活"，推进一批特色小镇建设。 2017 年 7 月，安徽省政府印发了《关于加快推进特色小镇建设的意见》，明确将培育建设一批产业特色鲜明、生态环境优美、体制机制灵活、人文气息浓厚、宜业宜居宜游的特色小镇。要求特色小镇实现景观化，所有特色小镇达到 3A 级以上旅游景区标准。

2016 年 10 月，住房和城乡建设部公布了第一批中国特色小镇名单，进入这份名单的小镇共有 127 个，安徽省的铜陵市郊区大通镇、安庆市岳西县温泉镇、黄山市黟县宏村镇、六安市裕安区独山镇、宣城市旌德县白地镇等 5 镇入选。2017 年 8 月，住房和城乡建设部公布了第二批中国特色小镇名单，进入这份名单的小镇共有 276 个，安徽省的六安市金安区毛坦厂镇、芜湖市繁昌县孙村镇、合肥市肥西县三河镇、马鞍山市当涂县黄池镇、安庆市怀宁县石牌镇、滁州市来安县汊河镇、铜陵市义安区钟鸣镇、阜阳市界首市光武镇、宣城市宁国市港口镇、黄山市休宁县齐云山镇等 10 镇入选。2017 年 9 月，

巢湖经开区三瓜公社电商小镇

芜湖殷港艺创小镇

安徽省确定巢湖经开区三瓜公社电商小镇等 25 个镇作为省级特色小镇，享受有关扶持政策；芜湖市弋江区滨江松鼠小镇等 18 个镇作为重点培育对象，命名为省级特色小镇（试验）。2020 年 10 月，安徽省确定池州市石台县大演硒茶小镇等 25 个镇为第四批省级特色小镇。

安徽特色小镇坚持差异化定位、精细化专攻、错位化发展的思路，聚焦工业制造、农林、文旅体、现代服务业等不同产业类型，立足本地产业基础和资源禀赋，因地制宜发展特色产业。2019 年，全省共有 14 个小镇主导产业年主营业务收入超过 10 亿元。巢湖经开区三瓜公社电商小镇已入驻电商创业企业共 86 家，开设线上店铺共 28 个，自建电商平台 1 个，开发产品总数 1000 余种。特色小镇能够体现生产生活生态"三生"融合和产业、旅游、文化、社区"四位一体"的内涵。小镇功能建设较为完备，全省 35 个小镇完成小镇客厅建设，芜湖殷港艺创小镇还完成小镇客厅智能化。各地特色小镇重视建设创新创业平台、汇集创新创业人才。合肥高新区中安创谷科创小镇积极打造创谷学院、硬客公园、洪泰中安创新空间、中安创谷互联网＋基地、欧美同学会等 5 大孵化品牌，孵化项目数达 561 个，举办创业活动超过 600 场。合肥经开区南艳湖机器人小镇先后获得国家级众创空间、省级小微企业创业示范基地、省级科技企业孵化器等称号。

八十四　建设教育强省

党的十八大以来，安徽坚持把教育摆在优先发展的战略位置，加快建设教育强省，推动安徽教育事业发展迈上新的历史起点，教育面貌发生格局性变化，人民群众教育获得感明显增强。至 2020 年 11 月，安徽省学前教育毛入园率提高到 88.7%，义务教育巩固率达 94.6%，高中阶段毛入学率达 89.6%，高等教育毛入学率超过 50%，学前教育毛入园率、高中阶段毛入学率、高等教育毛入学率都高于全国平均水平，义务教育巩固率与全国平均水平基本持平。当前，全省教育事业主要指标达到或超过全国平均水平，总体进入全国中上、中部前列。

推动义务教育城乡一体化发展。安徽省九年义务教育巩固率进步程度全国排名第 8 位。省级示范高中达 192 所，实现县（市、区）全覆盖。在全国首创省市统筹、以市为主的职业教育管理体制，组建 46 个省内职教集团和长三角国际商务职教集团，入选首批国家产教融合型城市试点建设省份。全省共有普通高校 113 所，普通高校数量居全国第 7 位，普通本专科招生、在校生数居全国第 9 位，硕士博士在校生、招生数稳步提升。开展学历继续教育高校 84 所，继续教育网络园区入驻高校及其他教育机构突破 100 所，上线学习者累计超过 45 万人。

完善基本公共教育服务体系。安徽将义务教育经费保障、学前教育促进工程、家庭经济困难学生资助、贫困地区义务教育学生营养改善、贫困

合肥市开展小学英语低段教学研讨活动

地区义务教育小规模学校（教学点）智慧学校等项目纳入省政府民生工程，"十三五"时期各级财政累计投入资金632.45亿元。实施国家、高校、地方三个专项招生计划和高职（高专）院校招收革命老区建档立卡贫困家庭学生专项计划，分别录取农村和贫困地区考生3.69万人、革命老区考生10985人，拓宽贫困家庭子女上升通道。精准实施教育脱贫攻坚，发放资助资金60.8亿元。创新实践国家教育信息化试点省建设，32个贫困县（市、区）2090所小规模学校（教学点）全部完成智慧学校布点建设。教育部发布的2019年度中国教育信息化发展报告显示，安徽省基础教育信息化综合发展水平居全国第5位。

夯实各类人才支撑。安徽"十三五"期间累计培养高校毕业生169.67万人，毕业生初次就业率始终稳定在89%以上，稳居全国第一方阵，超过全国平均水平约11个百分点。全省高校共获得国家科技三大奖20项、省科技奖466项、省哲学社会科学奖226项，分别占全省获奖总数的48.8%、54.3%、51%。签订技术转让合同1589项，经费总收入3.8亿元，转让合同数连续多年位居全国前列、中部第一；申请专利5.2万项，其中发明专利2.5万项，获专利授权2.8万项，其中发明专利8322项。在30所高校建立53个人文社科重点研究基地，在海外设立孔子学院6所、孔子课堂3所，促进中华文化海外传播。

八十五　生态建设安徽经验

党的十八大以来，安徽省深入贯彻落实习近平生态文明思想，积极推进绿色生态文明建设，提出建设创新型生态强省。从启动生态建设系列重大工程，在巢湖流域和淮河流域部署和实现"零点行动"，到全省企业大气污染源基本实现达标排放，安徽省努力探索打通绿水青山向金山银山的转换通道，推动环境保护与经济发展实现双赢，生态文明建设的安徽样板日益形成。

"新安江流域生态补偿机制试点"开创全国先河。在全国开展首个跨省流域的生态补偿机制试点——新安江生态补偿机制试点，这是中国生态文明制度建设的重大创新，已被写入国家《生态文明体制改革总体方案》。生态环境部公布的监测数据显示，2012 年至 2017 年新安江上游流域总体水质为优，千岛湖湖体水质总体稳定保持为 I 类。2017 年 12 月，安徽省政府办公厅印发了《安徽省地表水断面生态补偿暂行办法》，全省建立起以市级横向补偿为主、省级纵向补偿为辅的地表水断面生态补偿机制，促进全省河流、湖泊水质的进一步改善。2018 年 6 月，安徽省委、省政府印发《关于全面推广新安江流域生态补偿机制试点经验的意见》的通知，确立了全面推广新安江流域生态补偿机制试点经验的四个基本原则，全面推广"新安江流域生态补偿机制试点经验"。新安江上下游横向生态补偿机制入选中国"改革开放 40 年地方改革创新 40 案例"，正在中国其他多条流域和 20 多个省份推广经验。

绘制美丽安徽新画卷。创新治理方式，打造湖泊治理的巢湖模式，湖区富营养化程度呈减轻趋势，以"三河一湖一园一区"（长江、淮河、新安江，

新安江水清岸绿生态美

巢湖，大黄山国家公园，皖西地区）生态文明示范创建为引领，加快构筑绿色生态安全屏障。2017 年 3 月，省委办公厅、省政府办公厅印发《安徽省全面推行河长制工作方案》，部署全面推行河长制，进一步加强河湖管理保护工作。2018 年 5 月，安徽省全面推行河长制办公室印发《关于在湖泊实施湖长制的意见》，全面建立省、市、县、乡四级湖长体系。截至 2020 年年底，全省共设立河长 5.3 万名、湖长 2779 名，以党政领导负责制为核心的河（湖）长体系全面建立并延伸到村，覆盖全省河流湖泊水库及部分沟塘渠堰。利用省级区域性顶层设计，将大江大河大湖重要生态流域的生态环境治理，与区域内环境污染防治、经济发展、社会生活、政府政绩考核、城市建设等诸多要素综合考虑，作一揽子统筹规划，最大限度地兼顾经济发展与环境保护生态建设之间的关系，谋求生态建设新机制、新方法和新模式，打造美丽中国安徽样板。

打造水清岸绿产业优美丽长江（安徽）经济带。2018 年 6 月，安徽省委、省政府出台《关于全面打造水清岸绿产业优美丽长江（安徽）经济带的实施意见》，将其作为生态文明建设"一号工程"，进一步明确时间表、路线图、任务书，坚持以共抓大保护、不搞大开发为导向，八百里皖江掀开了崭新的发展篇章。着眼推进生态空间管控"1515"，科学划定 1 公里、5 公里、15公里三道生态防线。

八十六　全国首创林长制

2016 年 4 月，习近平总书记考察安徽时强调，要把好山好水保护好，着力打造生态文明建设的安徽样板，建设绿色江淮美好家园。省委、省政府认真贯彻落实总书记重要讲话指示精神，2017 年 3 月，省委办公厅、省政府办公厅印发《安徽省全面推行河长制工作方案》。同年 9 月，省委、省政府印发《关于建立林长制的意见》，决定在全省建立林长制。建立了以党政领导责任制为核心的省、市、县、乡、村五级林长体系，明确护绿、增绿、管绿、用绿、活绿 5 项任务。

2018 年林长制在全省全面推广，共设立省、市、县、乡、村五级林长 5.2 万余名。2019 年 10 月 19 日，全国首个林长制改革示范区在肥西县揭牌。2020 年安徽全省深化林长制改革，在皖北平原、沿淮、江淮分水岭、沿江、皖西大别山、皖南山区六大片区，选定设立 30 个不同类型的林长制改革示范先行区，每个先行区重点探索 2 至 5 个体制机制创新点，推动形成更多可复制、可推广的试点经验。2020 年 10 月，党的十九届五中全会明确提出要"推行林长制"。2021 年 1 月，安徽建立全省重点生态功能区域省级林长分工负责制。19 位省级领导分别担任 19 个重点生态功能区域省级林长。2021 年 1 月，中共中央办公厅、国务院办公厅印发《关于全面推行林长制的意见》，安徽林长制改革经验向全国推广。2021 年 3 月，安徽实施平安、健康、碳汇、金银、活力"五大森林行动"，高质量建设全国林长制改革示范区。

安徽省林长制改革示范区

安徽省依托林长制改革，破除沉疴痼疾，初步解决了林业发展中长期存在的"理念淡化、职责虚化、权能碎化、举措泛化、功能弱化"问题，调动了各方面力量聚力林业发展，安徽省林业发展由林业部门"小马拉大车"转变为各级各部门"同唱一台戏"。省委、省政府细化27个省直有关部门在林长制改革中的职责，建立会议调度、工作督察、考核问责、社会监督等工作机制，各市出台林长制改革配套制度752个，形成上下衔接、协同高效的制度保障体系。2017—2021年，全省市县林长开展巡林13351次，解决问题10403件。2017年9月15日，旌德县入选全国第一批"绿水青山就是金山银山"实践创新基地；18日，宣城市、金寨县、绩溪县入选第一批国家生态文明建设示范市县。2019年，全省林业总产值达4348亿元，同比增长7.5%。全省有5.2万余名各级林长护绿、增绿、管绿、用绿、活绿，森林面积6262万余亩，森林覆盖率超过30%。截至2020年12月，全省累计完成林权抵押贷款近233.2亿元，开辟了"五绿兴林·劝耕贷"融资新渠道，共落实融资担保贷款3.65亿元。特色经济林、木本油料、苗木花卉、林下经济、生态旅游、森林康养等产业迅猛发展，各类林业新型经营主体达3万余个，全省拥有国家级林业重点龙头企业33家、省级林业产业化龙头企业814家。2021年，安徽省委、省政府决定深化新一轮林长制改革，3月25日，举行深化新一轮林长制改革暨长江、淮河、江淮运河、新安江生态廊道建设全面启动仪式；5月28日，审议通过《安徽省林长制条例》；7月21日，印发《关于深化新一轮林长制改革的实施意见》。

八十七　农村"三变"改革试点

为了探索集体经济有效实现形式，创新农民财产性收入增长机制，2012年，安徽省在黄山等市启动农村集体产权制度改革试点，为农村资源向资产转变、激活农村生产要素积累了实践经验。2014 年，农村产权制度改革在全省铺开。2016 年 7 月，安徽省正式启动"三变"改革试点并印发《"资源变资产、资金变股金、农民变股东"改革试点工作方案》，在全省 11 个县（区）选择 13 个村开展"三变"改革试点工作，盘活农村"三资"（资源、资产、资金），激活农民"三权"（土地承包经营权、住房财产权、集体收益分配权），建立农业增效、农民增收、集体资产增值的长效机制。2017 年 8 月，13 个试点村共盘活集体土地 1137 亩，农户承包地入股 4230 亩，宅基地入股 2047 平方米。13 个试点村的入股农户共实现财产性收益 348.2 万元，1780 户入股农户户均财产净收入达到 1955 元，比全省平均水平高出约 1000 元。

2017 年 9 月，安徽省作出扩大"三变"改革实施范围的部署，稳步推进农村集体产权制度改革，鼓励各地有基础、有条件、农民群众有意愿的地

小岗村 2020 年度集体经济股份合作社分红暨先进典型表彰大会

方开展"三变"改革。截至2019年8月，安徽开展"三变"改革的村7729个，占总村数的48.1%，提前完成年度目标任务，其中马鞍山、宣城、蚌埠、淮北、阜阳、芜湖等6市进度超50%。此外，全省11731个村完成集体产权制度改革，占总村数的73%，同样超额完成年度任务。全省参与"三变"改革的村集体平均增收4万多元，参与农户户均增收1000多元。截至2020年12月，全省开展"三变"改革的村（居）已达到10812个，覆盖面达到68%。

农村"三变"改革，破解了家庭联产承包责任制以来，农户分散经营与现代农业发展之间的矛盾，有效消除了小农经济的弊端，促进了农业企业承包经营、大规模农田基本建设、大型农具使用、农业科技普及，顺应了农业现代化规模生产的发展需要，有利于壮大集体经济，加快农民脱贫致富进程。

八十八　加强社会治理

"十三五"时期安徽坚持以人民为中心的发展思想，聚焦脱贫攻坚、聚焦特殊群体、聚焦群众关切，加强民生保障，创新社会治理，人民群众的获得感、幸福感、安全感持续增强。

助力脱贫攻坚，兜底保障网扎紧兜牢。全省坚持农村低保制度与扶贫开发政策有效衔接，实现农村低保标准稳定高于国家扶贫标准，并将符合条件的对象全部纳入救助范围。全省共有127.5万建档立卡贫困人口纳入了低保、特困供养救助范围。"十三五"期间全省用于社会救助方面支出资金达到620亿元，比"十二五"增长了40%。面对各类特殊困难群体，充分发挥低保、特困供养、临时救助等政策，积极开展精准救助。建立"救急难"制度，对遭遇突发困难的群众给予即时救助。2020年全省共有4.14万因疫因灾困难群众及时被纳入保障范围，2241.7万人次困难群众领到了11.95亿元的价格临时补贴。全省出台了《关于改革完善社会救助制度的实施意见》，建立健全"8+1+N"的社会救助体系。推行"互联网＋社会救助"，与26家银行业金融机构实现了信息共享。安徽省困难群众救助工作绩效评价也连续6年位居全国优秀省份行列。老人、儿童、残疾人等特殊群体关爱服务保障更加有力。

"十三五"期间全省有30多万老年人纳入特困供养范围，保障孤儿6000多人、事实无人抚养儿童1.9万人、其他困境儿童21万人，年均受救助的生活无着人员达5万人次，救助管理系统寻亲工作走在全国前列，平均每年成功帮助3000多人回归社会和家庭。制定了《安徽省积极应对人口老龄化中长期规划》《安徽省实施〈中华人民共和国老年人权益保障法〉办法》《关于加快发展养老服务业的实施意见》等一系列文件，将"养老服务发展"列入各市政府目标绩效考核指标。通过多年努力，面向全体老年人的养老服务供给持续扩大，县级、街道、社区三级养老服务中心覆盖率超过90%，养老机构总数达到2456家、床位近40万张，社区养老服务设施总配建面积192万平方米，医养结合机构489家。共建、共治、共享的社会治理效能不断显现。完善党领导的基层群众自治制度，圆满完成了全省村和社区"两委"

宿州市埇桥区道东街道居家养老服务中心

首次同步换届工作，选举产生村、社区"两委"班子成员 12.15 万人，三级网格化全覆盖的社区服务管理体系基本形成。

积极开展村民自治、城乡协商示范点建设。安徽省在全国率先实施农村社区建设试点，有 5 个县（市、区）被确定为全国农村社区治理实验单位，数量居全国第一。培育发展各级社会组织 3.4 万个、社会工作专业人才 7.9 万人，志愿者注册总量居全国第 5 位。围绕"逝有所安"，全省 16 个市全部实施困难群众基本殡葬费用减免制度，年均 11 万人享受惠民殡葬政策。全省遗体火化率保持全国前列，节地生态安葬率超过 55%，绿色殡葬文明新风正在养成。

八十九　健康安徽建设

2015 年，安徽省创新性提出县域"医疗卫生共同体"（简称"医共体"）制度设计，打造分级诊疗新模式，并在 2018 年实现全省 75 个县市和农业区全覆盖。2019 年 5 月，安徽省确定推进紧密型县域医共体和紧密型城市医疗联合体建设的综合医改方向，出台了关于推进紧密型县域医共体建设的意见，探索创新"两包三单六贯通"改革路径，实行医保基金打包、基本公共卫生资金打包，医共体内部人财物统一调配，并在 37 个试点县（市）开展紧密型县域医共体建设。截至 2020 年 12 月，全省 61 个县（市）组建 128 个紧密型医共体，实行医共体内人、财、物统一管理，打造整合型医疗卫生服务体系，全省范围内实现医疗卫生服务网络全面覆盖，"15 分钟就医圈"基本形成。

建设医疗联合体，构建分级诊疗制度。2017 年，安徽省出台了《安徽省人民政府办公厅关于推进医疗联合体建设和发展的实施意见》。2018 年，铜陵启动紧密型医疗联合体改革试点，建成以铜陵市立医院为牵头单位，

2家二级医疗机构、36家基层医疗机构组成的市立医院紧密型医疗联合体。2019年9月，中国科大一附院（安徽省立医院）与铜陵市人民政府签订建立省、市、县（区）三级紧密型医联体框架协议。随后，芜湖市、马鞍山市、蚌埠市纳入扩大试点改革范围。同时，鼓励其他城市至少有1所三级综合医院"分区包段"，开展紧密型城市医疗联合体建设。安徽省紧密型医疗服务联合体建设的成功实践，被《中国医改发展报告（2020）》收录，并列入地方经验与案例。

推行"互联网＋医疗健康"，创新医疗服务模式。安徽省是全国"互联网＋医疗健康"示范省。2018年9月，省政府办公厅发布《关于促进"互联网＋医疗健康"发展的实施意见》，鼓励医疗机构应用互联网等信息技术拓展医疗服务空间和内容，构建覆盖诊前、诊中、诊后的线上线下一体化医疗服务模式。截至2020年12月，安徽省已设立互联网医院27家，初步实现线上线下服务一体化。"智医助理"已覆盖安徽省基层医疗卫生机构，

紧密型县域医疗卫生共同体建设片区经验交流会在安徽省阜南县召开

使用医生达到 3 万人,提供辅助诊断 7300 万次,慢病服务居民 2230 万人次,协助基层医生建立电子病历 5193 万份,规范率达到 91.8%。

医养结合的安徽实践。"十三五"以来,安徽省医养结合工作进入了快速发展阶段,逐步形成了医养签约合作、养老机构设立医疗机构、医疗机构设立养老机构、医疗卫生服务以嵌入式延伸至社区家庭,初步实现了医疗机构与养老服务融合发展的格局。在国家卫生健康委与世界卫生组织共同开展的 2018—2019 年双年度合作项目"医养结合在中国的最佳实践"中,安徽省先后出现亳州市蒙城县卫生健康委等 10 个案例,并入选全国医养结合典型经验。截至 2020 年 9 月,安徽全省已有医养结合机构 489 家,医养结合机构从业人员 20383 人,其中从事医疗卫生服务 11582 人,养老服务 8801 人;医疗总床位 16989 张,养老总床位 73680 张。

九十　制造业强省建设

"十三五"以来,全省紧扣高质量发展要求,大力推进制造强省建设,着力抓好以"铜墙铁壁"为重点的传统产业转型升级、以"芯屏器合"为标识的新兴产业培育壮大、以"大智移云"为牵引的未来产业提升赋能。2018年,安徽省规模以上工业增加值增长 9.3%,居全国第 4 位、中部第 1 位。全省高新技术产业增加值、战略性新兴产业产值分别增长 13.9% 和 16.3%,战略性新兴产业产值占规模以上工业比重达 29.4%。世界最薄 0.12 毫米电子触控玻璃成功下线,工业机器人产量突破 1 万台,新能源汽车产销量突破 12 万辆、占全国 13%,CA20 型飞机样机首飞成功,维信诺第六代柔性显示器生产线开工建设,一大批新产业、新业态、新模式加速成长。2019 年,安徽出台了实施促进经济持续健康发展"30 条"等系列政策,落实更大规模减税降费政策。开展"四送一服"集中活动,帮助企业解决实际问题 2.7

万个。全省规模以上工业增加值增长 7.3%，新增高新技术企业 1200 余家，战略性新兴产业产值增长 14.7%，高技术产业增加值增长 18.8%。入选全国第一批专精特新"小巨人"企业 19 家、居全国前列，海螺集团、铜陵有色首次双双跻身世界 500 强。

2017 年 5 月 27 日，全省制造强省建设大会在合肥召开

实施"三比一增"专项行动，新登记注册企业 33.9 万家、增长 15.2%，全省企业总数达 145.9 万家，创历史新高。新增境内外上市公司 7 家、"新三板"挂牌企业 15 家，省区域性股权市场挂牌企业增加到 5291 家，其中新设立科创专板挂牌企业 2043 家。启动实施稳投资十大重点工程，全年新开工亿元以上重点项目 3185 个、建成 1540 个。

"十三五"期间，全省生产总值从 2.38 万亿元增加到 3.87 万亿元，人均生产总值从 3.9 万元增加到 6.1 万元，发展格局实现了从"总量居中、人均靠后"向"总量靠前、人均居中"的历史性跨越。2020 年，全省固定资产投资增长 5.1%，规模以上工业增加值增长 6%。商合杭高铁全线贯通，合安高铁建成通车，芜宣机场建成试飞，全省建成 5G 基站 29415 个。同时，全省组织 14 批全省重大项目集中开工，新开工亿元以上重点项目 3778 个、竣工 1826 个。新扶持高层次科技人才团队 55 个。新增高新技术企业 1923 家、国家专精特新"小巨人"企业 61 家、国家技术创新示范企业 7 家。"中国声谷"入驻企业 1024 家、营业收入 1060 亿元。

截至 2021 年 5 月，安徽规模工业又创造了许多第一：海螺集团居亚洲第一，铜陵有色、合力叉车、环新集团居中国第一，马钢"H"型钢、奇瑞轿车、江汽轻卡出口全国第一，六轴机器人、中鼎密封件全国第一。"芯屏器合"更是见证了安徽制造业不俗实力：芯片产业方面，中国电科集团 38

所发布由其完全自主设计的"魂芯二号 A"DSP 芯片，单核性能实现对市场上同类产品性能指标的超越；华米科技发布全球首款智能可穿戴领域人工智能芯片"黄山 1 号"；平板显示产业方面，建成世界最大的平板显示基地，贡献全球 20% 的智能手机液晶屏、30% 的平板电脑显示屏。

面向"十四五"，安徽省编制了制造业高质量发展规划，围绕"63310"总体思路，聚焦制造强省战略，坚持"制造为基、企业为本、创新驱动、数字赋能、品质引领、融合共进"六项原则，围绕"传统产业强基础、新兴产业补短板、未来产业抢布局"三大方向，围绕保持制造业增加值占国内生产总值比重稳定在 30% 左右的目标，统筹推进优势产业"立柱"工程、市场主体"强身"工程、产业链提升"壮骨"工程、产业基础再造工程、特色集群培育工程、数字化智能化升级工程、"5G+ 工业互联网"创新发展工程、"皖美制造"品质提升工程、绿色制造体系建设工程、产业发展协同融合工程等十大工程，打造形成更高质量、更具特色、更有效率、更可持续、更为安全的现代化产业体系。

九十一　建设美丽乡村

2014 年 4 月，安徽省出台《关于开展城乡环境综合治理的若干意见》，提出从 2014 年起，用 3 年左右时间对全省城乡环境进行综合治理，持续提升城乡人居环境和发展环境质量。同年 11 月，省政府办公厅印发《关于改善农村人居环境的实施意见》。2017 年 5 月，全省美丽乡村建设推进会召开，部署一体化推进农村垃圾、污水、厕所专项整治"三大革命"。同月，省委办公厅、省政府办公厅印发《一体化推进农村垃圾污水厕所专项整治加快改善农村人居环境实施方案》。2018 年 5 月，省委办公厅、省政府办公厅印发《安徽省农村人居环境整治三年行动实施方案》，部署实施农村人居环境整治三年行动。按照要求，到2020年，农村生活垃圾无害化处理率70%以上，所有乡镇政府驻地和美丽乡村中心村的生活污水治理设施全覆盖，完成自然村210万常住农户卫生厕所改造，实现农村人居环境明显改善，村庄环境基本干净整洁有序，村民环境与健康意识普遍增强，乡村旅游、民宿旅游加快发展；合肥、长江经济带、皖南国际文化旅游示范区及经济条件较好地区，人居环境质量全面提升，基本实现农村生活垃圾处置体系全覆盖，基本完成农村户用卫生厕所无害化改造，厕所粪污基本得到处理或资源化利用，农村生活污水治理率明显提高，村容村貌显著提升，管护长效机制初步建立；经济条件一般地区，人居环境质量较大提升，力争90%左右的村庄生活垃圾得到治理，卫生厕所普及率达到85%，生活污水乱排乱放得到管控，村内道路通行条件明显改善。

在省委、省政府的坚强领导和各部门的大力推动下，安徽全省农村环境得到明显改善。一是农村"厕所革命"稳步推进。截至2020年12月，全省累计完成自然村改厕249万户，占三年行动目标任务的118.6%。二是农村生活垃圾治理加快推进。全省所有行政村农村生活垃圾得到有效治理，所有的县（市、区）均建立了农村生活垃圾收集、转运和处置体系。三是农村生活污水治理梯次推进。全省已建和在建乡镇政府驻地污水设施1180个，中心村污水设施4992个，农村生活污水治理水平逐步提高。四是村庄清洁行动扎实推进。2019年村庄清洁行动启动以来，全省1.5万多个行政村广泛开展了以"五清一改"（清理村内塘沟，清理畜禽养殖粪污等农业生产废弃物，清理乱搭乱建、乱堆乱放，清理废旧广告牌，清理无功能建筑，改变影响农村人居环境的不良习惯）为主要内容的村庄清洁行动。五是农业生产废弃物资源化利用工作成效显著。2019年，全省畜禽粪污综合利用率达91.8%，高于全国平均水平16.8个百分点；秸秆综合利用率达91.7%，高出全国平均水平5个百分点。六是村庄规划建设提升行动全面推进。全省有编制任务的61个县（市）全部编制了县域村庄布点规划，共编制美丽乡村规划、村土地利用规划等村庄规划 7749 个，占全省行政村的 51.6%。全省已建和在建美丽乡村中心村 8290 个，其中省级中心村 5791 个。2019 年，认定省级美丽乡村示范村 828 个，重点示范村 249 个。

九十二　打造人才高地

"十三五"期间，安徽省委、省政府以习近平新时代中国特色社会主义思想为指引，不断奋力开创现代化五大发展美好安徽建设新局面，深入实施人才强省战略和创新驱动发展战略。全省坚持高端引领，大力推进新时代"江淮英才计划"，深化人才体制机制改革，聚力打造创新创业人才高地，加快推进平台聚才、政策引才、资助育才、创新用才、服务养才等五大工程和"11112计划"，为我省全面建成小康社会提供了强有力的人才支撑和智力支持。

2015 年 6 月，省委办公厅、省政府办公厅印发《关于进一步扶持高层次人才创新创业的若干意见》，推出 10 条政策，对高层次人才在皖创新创业加以扶持。2016 年 11 月，省人社厅印发《关于加强全省基层专业技术人才队伍建设的实施意见》，围绕人才招聘、职称评审、岗位使用、服务保障等方面提出 17 条细化措施，对基层人才进行倾斜，并提出以教育、农业、卫生等重点领域人才为聚焦点，以强化服务优化人才环境为落脚点，培养造就一支规模合理、结构优良、扎根基层、服务发展的基层专业技术人才队伍。同月，省委印发《关于深化人才发展体制机制改革的实施意见》，提出 30 条具体意见，加快建设人才强省。2017 年 4 月，省政府出台《支持技工大省建设若干政策》，每年专门拿出 10 亿元用于技能人才培训、培养、评价、激励等。2018 年 3 月，省委印发《关于推进新时代产业工人队伍建设改革的实施意见》，提出 5 个方面 25 条改革举措。这是安徽首次就产业工人队伍建设改革工作作出专门部署。2018 年 5 月，省政府与人力资源社会保障部签署了《共同推进安徽技工大省建设备忘录》。2018年6月，省委、省政府印发《安徽省中长期青年发展规划（2018—2025年）》，明确未来8年安徽青年发展的总体目标、发展领域、发展目标、发展措施和重点项目。这是新中国成立以来安徽第一个中长期青年发展规划。同月，省委办公厅印发《关于进一步激励广大干部新时代新担当新作为的实施意见》，围绕建立激励机制和容错纠错机制，进一步激励广大干部新时代新担当新作为，提出7个方面20条具体举措。同年8月，省委、省政府印发《关于实施新时代"江淮英才计划"全面夯实创新发展人才基础的若干意见》，提出大力实施平台聚才、政策引才、资助育才、创新用才、服务养才等五大工程，力争到2020年初步建成人才强省，到2035年跻身全国人才强省前列，到2050年成为全球顶尖人才创新创业的重要聚集地。2019年8月，省政府办公厅印发《安徽省职业技能提升行动实施方案（2019—2021年）》，部署全面实施职业技能提升行动，加快推进技工大省和制造强省建设。

创新是第一动力，人才是第一资源。截至2020年8月，安徽省各类人才总量超过1000万人，其中专业技术人才总量达415万人，技能人才522万人。安徽省深入实施人才强省战略，深化人事制度改革，建立编制周转池制度，以高层次创新人才和高技能人才建设为重点，不断优化人才发展生态，从"抢人"大战向"养人"为先转变，打造创新创业人才高地，汇聚天下英才，实现新时代人才工作高质量发展，为现代化五大发展美好安徽建设提供人力支撑和人才保障。

九十三　淮河生态经济带建设

淮河生态经济带是国家战略，以淮河干流、一级支流以及下游沂沭泗水系流经的地区为规划范围，规划面积24.3万平方公里，2017年末常住人口 1.46 亿，地区生产总值 6.75 万亿元。淮河生态经济带发展战略定位是建设流域生态文明建设示范带、特色产业创新发展带、新型城镇化示范带、中东部合作发展先行区。根据主体功能分区，优化生态安全屏障体系，坚持以资源环境承载能力为基础，发挥各地比较优势，促进沿淮集聚发展、流域互动协作，明确空间开发重点和方向，构建"一带、三区、四轴、多点"的空间布局。

2018 年 10 月，《国务院关于淮河生态经济带发展规划的批复》发布。为贯彻落实《淮河生态经济带发展规划》，2020 年 10 月，安徽省政府印发《安徽省贯彻落实淮河生态经济带发展规划实施方案》，对推进淮河流域淮北、亳州、宿州、蚌埠、阜阳、淮南、滁州、六安等 8 市生态文明建设和高质量发展，加快构建美丽宜居、充满活力、和谐有序、绿色发展的生态经济带作出系统部署。提出重点建设水清岸绿美丽淮河（安徽），完善基础设施网络，构建现代信息网络，打造现代产业体系，推进乡村振兴，构建协调发展的城镇格局，巩固脱贫攻坚成果，持续推进全面脱贫与乡村振兴有效衔接，加快推进基础设施建设和基本公共服务提升，提升开放合作水平，推进长三角更

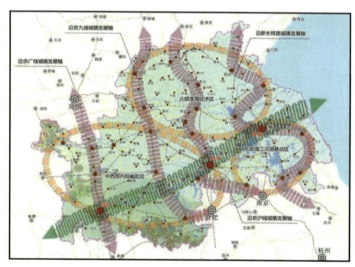

淮河生态经济带"一带、三区、四轴、多点"的空间布局图

高质量一体化发展，加强淮河生态经济带区域合作。淮河生态经济带正式上升为国家战略以来，安徽省推进建立上下协同、省际联动、市级主体、社会参与的合作对接机制，集中建设沿淮生态屏障，构建协调发展的城镇格局，全面放开八市城镇落户限制，支持蚌埠、阜阳建设淮河生态经济带区域中心城市，建设蚌淮（南）、宿淮（北）城市组群，有序推进具备条件的县改市改区。谋划淮河治理的尾闾畅通、水系连通、区域排涝、安全发展、蓄洪滞洪、系统调度"六大工程"。

加快淮河生态经济带发展，对于推进生态文明建设、促进经济社会持续健康发展、推动区域协调发展、全面建成小康社会具有重要意义。建设淮河生态经济带有利于推动全流域综合治理，打好污染防治攻坚战，探索大河流域生态文明建设新模式；有利于打造我国新的出海水道，全面融入"一带一路"建设，打造中东部地区开放发展新的战略支点，完善我国对外开放新格局；有利于推进产业转型升级和新旧动能转换，确保国家粮食安全，培育我国经济发展新支撑带；有利于优化城镇格局，发挥优势推动中部地区崛起和东部地区优化发展，打赢精准脱贫攻坚战，推动形成区域协调发展新局面。

九十四　取得新冠疫情阻击战阶段性胜利

2020 年，突如其来的新冠肺炎疫情，是新中国成立以来我国遭遇的传播速度最快、感染范围最广、防控难度最大的一次重大突发公共卫生事件，也是百年来全球发生的最严重的传染病大流行。以习近平同志为核心的党中央统揽全局、果断决策，团结带领全党全国各族人民，进行了一场惊心动魄的抗疫大战，经受了一场艰苦卓绝的历史大考，取得了重大战略成果，铸就了"生命至上、举国同心、舍生忘死、尊重科学、命运与共"的伟大抗疫精神，极大增强了全党全国各族人民的自信心自豪感、凝聚力向心力。

安徽是全国抗疫斗争的重要战场，按照党中央、国务院"坚定信心、同舟共济、科学防治、精准施策"总要求，坚持闻令而动、科学防治，打赢了疫情防控的人民战争、总体战、阻击战。2020年1月20日晚开始，全省疫情防控工作全面展开。1月24日，安徽在全国较早启动重大公共卫生事件一级响应，完善五级书记抓疫情防控的组织领导体系，省级领导牵头包保16个市开展14轮集中督导，形成省包保市、市包保县区、县区包保街道（乡镇）、街道（乡镇）包保社区（村）的严密责任链。疫情期间，安徽先后派出8批1362名援鄂医疗队员奔赴武汉，累计救治3156名患者。超额完成国家下达的防疫物资生产保供任务，先后调拨防护服、手术衣近50万件、各类口罩149万只、负压救护车40辆；6次向武汉、孝感等市支援292万毫升血液，是全国支援湖北血液最多的省份。全省通过"集中患者、集中专家、集中资源、集中救治"最大限度救助病患，把重症患者集中到合肥和芜湖、

安徽省抗击新冠肺炎疫情表彰大会
在合肥隆重举行　徐国康　摄

蚌埠、阜阳"1+3"省级基地，力保轻症不转重症、重症不转危重症、危重症不转病亡，治愈率达99.4%。坚持科技防疫，在全国较早成功分离出2株高滴度的病毒毒株，影像辅助诊断系统3秒钟完成一例CT影像诊断，"无接触测温安检一体机"在全国推广应用，华佗"五禽戏"变身"护肺操"走进方舱医院，安徽中医药参与救治和治愈出院占比均超98%。截至2020年12月7日，安徽全省累计报告本地确诊病例991例，全面落实"四集中"要求，不惜一切代价救治患者，治愈率达99.4%，用一个半月时间实现住院患者"清零"，用3个月时间取得重大战略成果，打赢一场外部关联疫情歼灭战，交上了一份彰显"安徽力量"、体现"安徽效率"、展现"安徽担当"的优异答卷，成为名副其实的"抗疫优等生、发展佼佼者"。

习近平总书记考察安徽时，对安徽统筹疫情防控工作给予充分肯定。2020年9月8日，全国抗击新冠肺炎疫情表彰大会在北京人民大会堂隆重举行，安徽支援湖北医疗队第三批医疗队临时党支部等10家单位荣获全国抗击新冠肺炎疫情先进集体；汪天平等35人荣获全国抗击新冠肺炎疫情先进个人称号。2020年12月7日，安徽省召开抗击新冠肺炎疫情表彰大会，授予高向东等805名同志"安徽省抗击新冠肺炎疫情先进个人"称号；授予合肥市肥东县公安局等309个集体"安徽省抗击新冠肺炎疫情先进集体"称号。

九十五　改革开放谱新篇

党的十八大以来，安徽省深入学习贯彻习近平总书记考察安徽时提出的"打造内陆开放新高地"重要指示精神，扎实推进开放发展行动计划，对外经济发展成绩斐然，双向互动、内外联动的全面开放新格局逐步形成。"十三五"时期，安徽省货物贸易进出口总额从2016年的2933.8亿元增加到 2019 年的 4737.3 亿元，年均增长 17.3%，累计进出口额达到 1.55 万亿元。截至 2020 年 8 月，全省备案进出口企业超过 2.9 万家，有进出口实绩的企业超过 8500 家。

在利用外资方面，2014 年美国惠而浦公司战略投资合肥荣事达三洋公司，成为我省首个战略投资项目；2015 年，全省首家创投企业、首家外资汽车金融企业、首家外资冷链物流园、首家外资电商公司等现代服务业外资企业先后落户安徽；2017 年，德国大众与江淮汽车合资设立江淮大众汽车纯电动车项目，是安徽省初始投资额最大的外资项目；首家外资对冲基金孵化基地、首家外资医疗机构、首家世界级网球培训机构相继设立。对外投资方面，安徽省实际对外投资从 2012 年的 5.5 亿美元增加到 2017 年的 9.3 亿美元，年均增长 9.1%。在对外贸易发展方面，早在 1977 年，国家批准安徽对香港、澳门地区试办自营出口业务；1978 年，安徽对日本出口 109 万美元；1981 年，安徽开办直接进口业务；1990 年，安徽各市对外贸易起步；2003 年，安徽进出口突破 50 亿美元；2006 年，突破 100 亿美元；2008 年，突破 200 亿美元；2012 年以后逐步进入转型升级阶段。从贸易主体看，2018 年全省进出口业绩企业超过 8000 家，进出口过亿美元企业 71 家，过 10 亿美元企业达到 7 家。从贸易结构看，2018 年，全省机电产品、高新技术产品分别出口 208.2 亿美元和 99.9 亿美元，增速分别高达 22.9% 和 32.5%，占出口总额的比重分别达 58% 和 27.8%。从贸易市场看，安徽贸易伙伴已达到 219 个，前五大贸易伙伴分别是美国、日本、智利、韩国、澳大利亚。2019 年，推动外贸稳中提质，推动产业集群"组团出海"，促进出口型产业项目增资扩产。推动合肥服务外包示范城市创新发展，争创国家数字服务出口基地。完善跨境电商公共服务平台功能，支持电商、物流龙头企业建设境外仓储物流配送中心，跨境电商交易额增长 50% 以上。

2019 年 9 月 20 日，2019 世界制造业大会在安徽省合肥市开幕，国家主席习近平致贺信。习近平指出，当前，全球制造业正经历深刻变革，各国需要加强合作、互学互鉴，共同把握新一轮科技和产业革命机遇，增强制造业技术创新能力，推动制造业质量变革、效率变革、动力变革。中国高度重视制造业发展，坚持创新驱动发展战略，把推动制造业高质量发展作为构建现代化经济体系的重要一环。中方愿同各方一道，推动制造业新技术蓬勃发展，为促进全球制造业高质量发展、实现共享共赢作出积极贡献。

2020年8月20日，习近平总书记在合肥主持召开扎实推进长三角一体化发展座谈会，标定了安徽深度融入长三角的新方位、新使命。安徽省着眼于一体化和高质量两个关键词，加快推进区域合作五个"区块链接"。全面推行"皖事通办"，率先推出7×24小时政务服务地图，企业开办实现"一网通办、全程网办、一日办结"。新登记各类市场主体104.8万户，增长5.8%。新增境内首发上市企业20家、总数达126家，其中新增科创板上市企业8家、居全国第7位。省区域性股权市场挂牌企业达7320家、居全国第1位。实现"一网通办"服务事项104项，职工医保异地普通门诊费用直接结算全面实现，一体化共建带来更多便利化。

2020年，农村集体产权制度改革整省试点任务顺利完成，全省首次排污权交易成功实施，县域医共体实现县（市）全覆盖，中国（安徽）自由贸易试验区获批建设。同年，举行中国（安徽）自由贸易试验区揭牌仪式，成功举办世界制造业大会江淮线上经济论坛和世界显示产业大会，合肥经开区综合保税区通过验收，安庆综合保税区获批设立，大众新能源汽车中国生产基地和研发中心总部落户合肥。

九十六　脱贫攻坚"皖"美答卷

解放生产力，发展生产力，消灭剥削，消除两极分化，最终达到共同富裕，是社会主义的本质要求，是我们党的重要使命。安徽是人口大省、农业大省，也是贫困人口较多的省份之一。1978 年，安徽省贫困人口 1200 多万人，贫困发生率达到 29%。改革开放以来，安徽省立足省情实际，把扶贫开发工作纳入"四个全面"战略布局，以大别山片区和皖北地区为主战场，大力实施精准扶贫，确保 2020 年与全国同步建成小康社会。

2012 年 2 月 20 日，省委、省政府印发《关于贯彻〈中国农村扶贫开发纲要（2011—2020 年）〉的实施意见》。2013 年，安徽开始对 31 个国家级和省级贫困县、3000 个贫困村、188 万户、484 万贫困人口建档立卡，实施精准识别、精准帮扶。2014 年 4 月，省委、省政府印发《关于创新机制扎实推进农村扶贫开发工作的实施意见》，建立精准识别、精准帮扶、精准脱贫的精准扶贫工作机制。2015 年 12 月，中共安徽省委、省政府出台《关于坚决打赢脱贫攻坚战的决定》。2016 年 4 月，习近平总书记考察安徽省金寨县花石乡时强调，要强化目标责任，坚持精准扶贫，认真落实每一个项目、

金寨县大湾村实施精准扶贫，大力发展山羊产业，实现村民脱贫致富

每一项措施，全力做好脱贫攻坚工作，以行动兑现对人民的承诺。

2017 年 10 月，党的十九大把脱贫攻坚战作为决胜全面建成小康社会必须打赢的三大攻坚战之一，作出全面部署。安徽省因地制宜综合施策，出台《安徽省关于打赢脱贫攻坚战三年行动的实施意见》。全省以"重精准、补短板、促攻坚"专项行动为统领，开展产业扶贫和点位扶贫。随后，省委、省政府又相继出台《关于解决"两不愁三保障"突出问题的实施意见》《关于抓好"三农"领域重点工作确保如期实现全面小康的实施意见》《关于决战决胜脱贫攻坚"抗疫情、补短板、促攻坚"的实施意见》《关于聚焦深度贫困集中力量攻坚的实施意见》《关于进一步加强大别山等革命老区脱贫攻坚的实施意见》《大别山片区区域发展与扶贫攻坚规划》《关于进一步加强沿淮行蓄洪区脱贫攻坚工作的若干意见》等一系列文件。在全国率先探索"四带一自"产业扶贫、"三有一网"点位扶贫、"三业一岗"就业扶贫、"一自三合"扶贫小额信贷等模式。

2021 年 5 月 28 日，全省脱贫攻坚总结表彰暨巩固拓展脱贫攻坚成果同乡村振兴有效衔接工作推进大会在合肥召开

2018 年，岳西县、怀远县、蒙城县、亳州市谯城区等 4 个县（区）符合贫困县退出条件，退出贫困县序列。2019 年，颍上县、寿县、潜山市、宿松县、砀山县、灵璧县、泗县、六安市裕安区、舒城县、利辛县等 10 个国家级贫困县（区），以及涡阳县、宿州市埇桥区、阜阳市颍泉区、阜阳市颍州区、太和县、界首市、定远县、六安市金安区等 8 个省级贫困县（区）退出贫困县序列。2020 年，萧县、临泉县、阜南县、阜阳市颍东区、霍邱县、金寨县、石台县、太湖县、望江县等 9 个县（区）退出贫困县序列。2020 年，安徽省开展"抗疫情、补短板、促攻坚"专项行动，加大对受灾贫困群众救助帮扶政策支持，全面加强农村困难群体精准监测帮扶，防止因疫因灾致贫返贫。截至 2020 年 12 月，安徽省 484 万贫困人口全部脱贫，31 个贫困县全部摘帽，3000 个贫困村全部出列，区域性整体贫困问题基本解决，脱贫攻坚战圆满收官。

九十七　实施"双招双引"战略

2021 年是安徽省实施"十四五"的第一年，为真正开好局、起好步，安徽省委、省政府积极推动实施"双招双引"战略，把"双招双引"作为经济工作的"第一战场"，运用市场的逻辑谋事、资本的力量干事、平台思维成事，逐步形成项目、资金、人才等各类高端资源要素汇聚的强大引力场，经济高质量发展的新动能不断增强。全省各地将"双招双引"作为推动高质量发展、实现新旧动能转换重要支撑，作为驾驭经济发展能力的核心指标，以高质量项目建设扩大有效投资。2021 年上半年，全省实际到位省外资金 7660.6 亿元，增长 22.3%。

实施"双招双引"，突出重大项目的经济发展强引擎作用。全省各地抢抓重大机遇引项目，强化平台思维引项目，优化产业生态引项目，借助资本力量引项目，积极服务和融入新发展格局，深入落实长三角一体化发展、一带一路、中部崛起等国家重大战略部署，加强系统谋划，积极招引项目，沪苏浙来皖投资实际到位资金增长 32.5%，占全省比重同比提高 4.2 个百分点。全省十大新兴产业专班招商推进机制建立实施，绘制产业链图，编制龙头企业目录，省领导推进的开工、签约和在谈项目累计 732 个。2021 年 4 月 25 日，芜湖高新区（弋江区）举行重大项目集中签约，集中签约、开工项目共 28 个，总投资规模 188.8 亿，均为亿元以上项目，其中 20 亿元以上 3 个，10 亿元以上 1 个，5 亿元以上 3 个。中裕管业科技股份有限公司等 9 个项目成功签约落户滁州市来安县，协议总投资 35.4 亿元，项目涵盖新材料、轨道交通、节能环保、智能家电等多个领域。黄山市围绕长三角、杭州都市圈等重点招商区域，推进杭黄绿色产业园、上海湾谷斐迪园"反向飞地"等重大平台建设，新签约长三角区域项目 233 个，投资额 266 亿元。

　　实施"双招双引"，关键要搭建对外开放平台。安徽先后成功举办了

芜湖高新区（弋江区）2021 年度集中签约现场

首届中国（安徽）科技创新成果转化交易会、"天下徽商"圆桌会、世界显示产业大会、国际新材料产业大会等重量级展会，通过"请进来"与"走出去"相结合，开展专业化、集群化、产业链招商。2021年上半年新建亿元以上省外投资项目2514个、同比增长21.9%。在产业生态优化方面，实施创优营商环境提升行动，建立健全顶格倾听、顶格协调、顶格推进服务企业制度，加快构建产业链、供应链、创新链、资本链、人才链、政策链"多链协同"产业生态。

实施"双招双引"，坚持用好用活资本的力量，让项目找到资本、资本找到项目，实现项目和资本相互耦合、彼此成全。全省启动实施了万家企业资本市场业务培训专项行动，截至2021年8月，新增境内上市公司8家、"新三板"挂牌企业6家，成功发行企业债券6只、规模48.5亿元，实现直接融资3457.7亿元、增长39.1%。首个公募基金管理机构获批设立，首单基础设施领域不动产投资信托基金（REITs）发行，各级政府和企业利用资本市场的意识和能力进一步提升。

实施"双招双引"，基础是引才育才聚智，让更多人才在安徽大展拳脚。全省在招才引智方面提出，比"待遇"更比"机遇"，比"真金"更比"真心"，比"财气"更比"大器"，让更多人才在安徽有用武之地。全省深入实施新一轮"江淮英才计划"，市场化引才措施不断完善，创新型人才集聚平台加快建设，新建7家省级引才引智示范基地、4家省级留学人员创业园，新增高技能人才2.4万人。全面深化首席科学家、编制周转池等制度，建立人才飞地，在全国率先探索"人才团队＋科技成果＋政府参股＋股权激励"模式，赋予领军人才充分自主权，累计投入近百亿元，扶持220个高层次科技人才团队落户安徽创新创业。

九十八　打造乡村振兴"安徽样板"

2018 年，安徽省出台《中共安徽省委、安徽省人民政府关于推进乡村振兴战略的实施意见》，明确乡村振兴的目标、任务和保障。安徽省大力实施乡村振兴和区域协调发展战略，全省粮食总产 801.5 亿斤，实现"十五连丰"。培训新型职业农民 4.7 万人，开展农村集体资产股份合作制改革、"三变"改革的村分别达 5856 个和 3752 个，累计分红 1.2 亿元。完成 114.9 万户农村厕所改造，农村生活垃圾无害化处理率达 66%，建成 817 个省级美丽乡村中心村。

2019 年，全面推进乡村振兴，新增高标准农田 380.8 万亩。启动实施农产品加工业"五个一批"工程，新增中国特色农产品优势区 3 个、产值超 50 亿元农产品加工园区 5 个。优化升级农村电商，农村产品上行网络销售额 536 亿元、增长 31.7%。启动农村集体产权制度改革整省试点，完成集体产权制度改革的村达 93.7%、实现分红的村平均累计分红 40.9 万元。实施"三变"改革的村达 52.8%、参改农户户均增收 1100 元。建成省级美丽乡村中心村 817 个，6 个县（市）入选全国乡村治理体系建设试点。2020 年，全省扎实推进"四带一自"产业扶贫，以产业兴旺带动农民和贫困户增收。新建高标准农田 380 万亩，建成 4670 万亩。实施农产品加工业"五个一批"工程，新增产值超 50 亿的农产品加工园区 3 个，总数达 38 个；新增产值超 10 亿的龙头企业 10 家，总数达 90 家。实施"158"行动计划，建设 100 个以上长三角绿色农产品生产加工供应基地，打造长三角绿色有机"大粮仓""大菜园""大果园"。

2021 年，安徽省出台《中共安徽省委、安徽省人民政府关于全面推进乡村振兴加快农业农村现代化的实施意见》，对做好巩固拓展脱贫攻坚成果同乡村振兴有效衔接作出制度安排，分类全面推进乡村振兴。将全省104个县（市、区）分成先行示范区、正常推进区、持续攻坚区。先行示范区对标长三角先进地区，高起点、高标准推进乡村振兴，打造乡村全面振兴的"安徽样板"；正常推进区在巩固拓展脱贫攻坚成果的基础上，加快推进乡村振兴，达到或超过全国平均水平；持续攻坚区要用足用活政策，进一步加大支持力度，用乡村振兴巩固拓展脱贫攻坚成果，努力跟上全国平均水平。抓好粮食和重要农产品生产供给，实施乡村产业振兴计划。谋划实施乡村产业振兴计划，发展乡村产业，延伸产业链、提升价值链、完善利益链，促进农民增收致富。高起点建设长三角绿色农产品生产加工供应基地、推进乡村绿色发展。实施乡村建设行动，深化重点领域改革，实施农村道路提质工程、农

金寨县大湾村实施精准脱贫，助力乡村振兴，乡村面貌焕然一新

村供水保障工程、乡村清洁能源建设工程、"数字皖农"建设工程、村级综合服务设施提升工程，推进城乡公共文化服务体系一体建设。深化农村改革，完善农村基本经营制度、深化农村土地制度改革、推进"两改革一发展"城乡融合发展机制，进一步激活农村资源要素、激发强劲内生动力，促进农业高质高效、乡村宜居宜业、农民富裕富足。

九十九　伟大精神引领伟大事业

伟大事业孕育伟大精神，伟大精神引领伟大事业。习近平总书记在庆祝中国共产党成立 100 周年大会上发表重要讲话，指出："一百年前，中国共产党的先驱们创建了中国共产党，形成了坚持真理、坚守理想，践行初心、担当使命，不怕牺牲、英勇斗争，对党忠诚、不负人民的伟大建党精神，这是中国共产党的精神之源。"安徽是一片红色热土，其中大别山区是中国共产党的重要建党基地、中国革命的重要策源地、人民军队的重要发源地。2016 年 4 月，习近平总书记参观金寨县革命博物馆后深情地说："一寸山河一寸血，一抔热土一抔魂。"

在一百年非凡奋斗历程中，安徽人民在中国共产党的坚强领导下，坚持把马克思主义基本原理与中国的具体实际相结合，创造性地开启了党领导人民改造世界、建设社会主义、实现中华民族伟大复兴的艰难探索，先后形成了包括"天下兴亡、匹夫有责的爱国情怀，视死如归、宁死不屈的民族气节，不畏强暴、血战到底的英雄气概，百折不挠、坚忍不拔的必胜信念"的抗战精神，"坚守信念、胸怀全局、团结奋进、勇当先锋"的大别山精神、"爱党信党、坚定不移的理想信念；舍生忘死、无私奉献的博大胸怀；不屈不挠、敢于胜利的英雄气概；自强不息、艰苦奋斗的顽强斗志；求真务实、开拓创新的科学态度；鱼水情深、生死相依的光荣传统"的老区精神，"热爱祖国、无私奉献，自力更生、艰苦奋斗，大力协同、勇于登攀"的"两弹一星"精神，"万众一心、众志成城，不怕困难、顽强拼搏，坚韧不拔、敢于胜利"的抗洪精神，"上下同心、尽锐出战、精准务实、开拓创新、攻坚克难、不负人民"的脱贫攻坚精神，"生命至上、举国同心、舍生忘死、尊重科学、命运与共"的抗疫精神，"胸怀祖国、服务人民的爱国精神，勇攀高峰、敢为人先的创新精神，追求真理、严谨治学的求实精神，淡泊名利、潜心研究的奉献精神，集智攻关、团结协作的协同精神，甘为人梯、奖掖后学的育人精神"的科学家精神等一系列伟大建党精神。这些精神，集中彰显了中华民族和中国人民长期以来形成的伟大创造精神、伟大奋斗精神、伟大团结精神、伟大梦想精神，彰显了一代又一代中国共产党人"为有牺牲多壮志，敢教日月换新天"的奋斗精神。这些精神是中国共产党精神谱系的重要组成部分，是江淮儿女的光荣传统和优良作风，是引领安徽全面建成小康社会的强大精神力量。

金寨县革命博物馆

一百　圆梦全面小康

党的十八大以来，安徽省坚持以习近平新时代中国特色社会主义思想为指导，坚决贯彻以习近平同志为核心的党中央决策部署，坚定落实习近平总书记考察安徽重要讲话指示精神，制定实施了五大发展行动计划，全面建设现代化五大发展美好安徽，闯出五条新路。一是聚焦下好创新"先手棋"，努力闯出经济转型升级的新路子。面向最前沿，推进关键领域自主创新由"跟跑并跑"向"并跑领跑"迈进，全超导托卡马克、稳态强磁场等大科学装置建成数量居全国前列。面向高质量，战略性新兴产业产值占规模以上工业比重超过35%。面向主战场，推进科技成果由"实验室"向"大市场"迈进，国家级研发平台突破200家，区域创新能力连续9年位居全国第一方阵，建成安徽科技馆，成功举办2021世界显示大会。二是聚焦乡村振兴"大战略"，实施城乡融合发展。突出农业农村现代化，粮食总产超过800亿斤、实现"十五连丰"，家庭农场总数居全国第一。突出城乡发展一体化，常住人口城镇化率逐年提高，2020年城镇化率达到56%。已建和在建美丽乡村7000多个，建制村通达通畅率100%。三是聚焦绿色江淮"好家园"，建设"两山"理论样板区。深抓"大保护"，出台《关于全面打造水清岸绿产业优美丽长江（安徽）经济带的实施意见》，长江干流水质连续7年保持为优。深抓"大治理"，一体化推进农村垃圾、污水、厕所专项整治"三大革命"。全省PM2.5平均浓度下降25%，空气质量优良天数比率82.9%，森林覆盖率30.22%。深抓"大修复"，推深做实河（湖）长制，率先探索林长制改革，总结推广新安江流域生态补偿机制，启动建设环巢湖十大湿地生态系统保护与修复工程，加快淮河生态经济带建设。四是聚焦蹄疾步稳"促改革"，激发市场主体内在动力。扎实推进"放管服"、农业农村、医药卫生、全面创新改革试验等重点领域和关键环节改革走在全国前列，形成了"3+2"清单制度体系、编制周转池、林长制、县域医共体、新安江流域生态补偿机制试点等一批在全国叫得响的改革品牌。打造长三角强劲活跃增长极，建设具有重要影响力的科技创新策源地、新兴产业聚集地、绿色发展样板区。五是聚焦增进群众"获得感"，全面建成小康社会。全力以赴抓脱贫，脱贫攻坚目标任务如期完成。484万建档立卡贫困人口全部脱贫，3000个贫困村全部出列，31个贫困县全部摘帽，千百年来的绝对贫困问题历史性得到解决。新冠肺炎疫情防控取得阶段性胜利，基本医疗和公共卫生服务体系进一步完善，每千人口医疗卫生机构床位数达到国家规定水平，人民群众健康水平不断提升。

百年征程波澜壮阔，百年奋斗成就辉煌。进入中国特色社会主义新时代，安徽实现了从"百废待兴"到"百业兴旺"、从"传统农业大省"到"新兴工业大省"、从"创新追赶"到"创新引领"等三大历史性变革，全面完成决战决胜脱贫攻坚目标任务，胜利实现安徽全面建成小康社会战略目标，全面开启实现共同富裕的伟大征程。

参考文献

1. 习近平. 决胜全面建成小康社会 夺取新时代中国特色社会主义伟大胜利——在中国共产党第十九次全国代表大会上的报告 [M]. 北京：人民出版社，2017.

2. 习近平. 在庆祝中国共产党成立 100 周年大会上的讲话 [M]. 北京：人民出版社，2021.

3. 陆勤毅. 安徽文化精要丛书 [M]. 合肥：安徽文艺出版社，2012.

4. 安徽省人民政府. 安徽五十年 [M]. 北京：中国统计出版社，1999.

5. 汪石满. 当代安徽概览 [M]. 北京：当代中国出版社，2002.

6. 欧远方，朱文根. 安徽农村改革纪程 [M]. 北京：中国展望出版社，1990.

7. 中共安徽省委党史研究室. 安徽改革开放 40 年大事记（上、下册）[M]. 合肥：安徽人民出版社，2018.

8. 中共安徽省委党史研究室. 中国共产党安徽历史大事记（1921—1949、1949—1978、1978—2002）[M]. 合肥：安徽人民出版社，2017.

9. 中共安徽省委党史研究室. 安徽改革开放 40 年风云人物 [M]. 北京：中共党史出版社，2018.

10. 中共安徽省委党史研究室. 辉煌之路——安徽改革开放实录 [M]. 北京：中共党史出版社，2018.

11. 夏少权. 中国改革开放全景录·安徽卷 [M]. 合肥：安徽人民出版社，

2018.

12. 张平. 安徽农村税费改革实践与探索 [M]. 北京：当代中国出版社，
2001.

13. 郭万清. 安徽地区城镇历史变迁研究（上、下卷）[M]. 合肥：安徽
人民出版社，2014.

14. 曾凡银，邢军.2016—2017 安徽文化发展蓝皮书 [M]. 合肥：安徽文
艺出版社，2018.

15. 中共安徽省委党史研究室. 安徽农村改革口述史 [M]. 北京：中共党
史出版社，2006.

16. 邢军. 安徽省开发区年鉴（2005—2014、2014—2016）[M]. 合肥：
安徽人民出版社，2017.

17. 张根生. 中国农村改革决策纪实 [M]. 深圳：海天出版社，2001.

18. 张德元，何开荫. 变迁——安徽农村改革述论 [M]. 合肥：安徽大学
出版社，2007.

19. 中共中央关于全面深化改革若干重大问题的决定 [N]. 人民日报：
2013.11.16.

20. 孙自铎. 安徽农村改革实践研究 [M]. 合肥：中国科学技术大学出版社，
2017.

21. 章尚正. 安徽旅游业跨越式发展研究 [M]. 合肥：安徽人民出版社，
2012.

22. 中共安徽省委党史研究室. 安徽之最 [M]. 北京：中央文献出版社，
2002.

23. 中共安徽省委党史研究室. 安徽农村税费改革纪实 [M]. 合肥：安徽
人民出版社，2005.

24. 中共安徽省委党史研究院. 新中国 70 年安徽大事回眸 [M]. 合肥：
安徽美术出版社，2019.

25.当代中国研究所.新中国 70 年 [M].北京：当代中国出版社，2019.

26.安徽省社会科学院当代安徽研究所.影像中国 70 年·安徽卷 [M].合肥：安徽人民出版社，2019.

27.中共安徽省委组织部,中共安徽省委党史研究院.红色安徽 [M].合肥：安徽人民出版社，2021.

28.潘小平，余同友，李云，许含章.一条大河波浪宽：1949—2019 中国治淮全纪实 [M].合肥：安徽教育出版社，2019.

29.周之林，李季林.安徽改革开放 40 年巡礼 [M].合肥：黄山书社，2019.

30.郑有贵.攻坚克难补短板：农村同步迈向全面小康社会之路 [M].合肥：安徽人民出版社，2021.

31.郑有贵，李成贵."一号文件"与中国农村改革 [M].合肥：安徽人民出版社，2008.

后　记

　　《江淮大地的小康之路》是安徽人民出版社、安徽省社会科学院区域现代化研究院、当代安徽研究所、安徽文化产业发展研究会联合推出的学术性图书。本书坚持以习近平新时代中国特色社会主义思想为指导，坚持马克思主义立场观点方法，坚持历史唯物主义，紧扣安徽全面建成小康社会主题，围绕"存史资政、教化育人"功能，以时间轴为脉络、以大事记为主干，聚焦安徽全面建成小康社会历史进程中的重大事件、重大决策、重要会议、重点人物，聚焦安徽人民群众工作生活发生的巨大变化，全景式、立体化、全方位、多角度、多层次呈现安徽省一百年来特别是党的十八大以来的经济、政治、文化、社会、生态等方面建设及党建的光辉历程、生动实践、伟大成就和成功经验，突出体现安徽人民群众的获得感、成就感，充分展示江淮儿女向上向好的精神风貌。

　　全面建成小康社会，是中华民族发展史上前所未有的伟大壮举，是中国共产党人不忘初心、忠诚为民、赓续奋斗树立起的一座时代丰碑。一百年来，中国共产党带领亿万人民为实现民族独立、民族解放和实现国家繁荣富强、人民共同富裕的两大历史任务而奋斗。《江淮大地的小康之路》以建党一百年时序为纲（1921—2021），以与民生相关的生活、生产、社会、教育、科技、文化、卫生、环境、扶贫、社保等为目，以大事纪要的形式，选取安徽引领全国改革发展走向的或一些特殊的重大历史事件，尤其是与普通百姓生活相关的变化影像，凸显安徽在民主法治、经济发展、农村改革、兴修水利、创新引领、文化建设、均衡教育、社会治理、抗洪抗疫、惠民工程、扶贫攻坚、乡村振兴、生态环保、对外开放等方面的特色。全书完整准确，图文并茂，史论结合，呈现生动，镌刻着安徽革命、建设、改革的风云岁月和沧海桑田的"时代印记"，不断激励江淮儿女奋进新时代、启航新征程。

　　《江淮大地的小康之路》是安徽省哲学社会科学规划重点项目"安徽全面小康历程和经验研究"（AHSKZ2021D31）和安徽省社会科学创新发展研究课题委托项目"安徽小康史"（2021WT011）阶段性成果。在编纂的过程中得到中共安徽省委宣传部、安徽省社会科学院、中共安徽省委党史研究院（安徽省地方志研究院）、安徽省社会科学界联合会、安徽人民出版社、安徽画报社、当代安徽研究所、安徽省民俗学会等有关单位和领导的关心与支持。安徽省社会科学院的领导曾凡银、沈天鹰、杨俊龙、沈跃春等给予鼓励支持，陆勤毅、朱士群、洪永平、董庆、王玉斌、周祥飞、朱贵平、唐国富、沈葵、胡卫星、韩修良、张浩淼、吴海升、吴树新等专家对书稿提出宝贵修改意见。邢军负责提纲设计、撰写序、第二章、第四章、后记并统稿，段金萍、占小凤撰写第一章，范丽娟撰写第三章并协助统稿。本书在写作过程中参阅了大量省内外专家学者的研究成果和珍贵图片，中共安徽省委党史研究院（安徽省地方志研究院）苗健副院长、吴静一级巡视员、朱贵平主任、孙平处长、合肥市政协文史委戴健副主任、《安徽画报》执行主编刘冬梅提供了大量资料和珍贵图片，安徽人民出版社党史党建出版中心主任朱虹、编辑左孝翰给予大力支持，在此一并表示感谢！

　　作为庆祝中国共产党成立100周年的献礼图书，作为安徽省"纪录小康工程"的阶段性成果，我们在编纂过程中严谨求实，力求推出高质量作品。实践发展无止境，学术研究无止境。由于时间紧迫，资料匮乏，水平有限，研究人员在资料收集归纳时可能会出现遗漏甚至错误，难免存在不足，恳请读者批评指正，以便我们适时再版时能够修订和完善。

邢　军

2021 年 8 月 18 日